A Idade da Noite

República Federativa do Brasil

Presidente da República
Fernando Henrique Cardoso

Ministro da Cultura
Francisco Weffort

Fundação Biblioteca Nacional

Presidente
Eduardo Portella

Fundação Biblioteca Nacional
Av. Rio Branco, 219
20040-008 – Rio de Janeiro – RJ – Brasil
Tel.: (21) 2262 8255 – Fax: (21) 2220 4173
http://www.bn.br

Carlos Nejar

A Idade da Noite

POESIA I

Copyright © 2002 Carlos Nejar

Direitos reservados e protegidos pela Lei 9.610 de 19.02.1998.
É proíbida a reprodução total ou parcial sem autorização
por escrito, da editora.

Dados Internacionais de Catalogação na Publicação (CIP)
(Câmara Brasileira do Livro, SP, Brasil)

Nejar, Carlos
   A idade da noite: poesia I / Carlos Nejar. — São Paulo:
Ateliê Editorial, Rio de Janeiro: Biblioteca Nacional, 2002.

   1. Poesia brasileira I. Título.
   ISBN 85-7480-120-8

02-2950   CDD-869.915

Índices para catálogo sistemático:

1. Poesia: Século 20: Literatura brasileira 869.915
2. Século 20: Poesia: Literatura brasileira 869.915

Direitos reservados à
ATELIÊ EDITORIAL
Rua Manoel Pereira Leite, 15
06709-280 – Cotia – SP – Brasil
Telefax: (11) 4612-9666
www.atelie.com.br
2002

Printed in Brazil
Foi feito o depósito legal

Para Elza

… y mandó que le trujesen sus compañeras espadas

Romancero del Cid, V, XCVIII

(Willst du ins Unendliche schreiten,
Geh nur im Enddlichen nach allen Seiten.)

Se queres entrar no Infinito
Segue o finito por todos os lados.

J. W. GOETHE

SUMÁRIO

MEUS ESTIMADOS VIVOS 15

O Túnel 17 • Os Trabalhos da Noite 17 • Civilização Calada 18 • Pequenas Comunicações 18 • O Vento 19 • Perdi o Fatal Discernimento 19 • Estive em Vossa Cidade 20 • Os Trabalhos da Luz 20 • As Folhas do Coração 20 • Se os Dias não Fossem Abreviados 21 • Rosas Brancas num Vaso 22 • Depois Vos Contarei 22 • Provação 23 • Aldeia Mínima 24 • As Filhas dos Homens 24 • Estirpe 24 • Túnel Morto 26 • Voamos 27 • A Luz Dormia 27 • Cuidava 28 • Números 28 • Num Acender e Apagar de Olhos 28 • Luz-Gritei 29 • Um Pátio 29 • Sono da Oliveira 29 • Mesmas Feições 29 • Resolveu Levar-me 29 • O Céu dos Céus 30 • Universo 30

A FEROCIDADE DAS COISAS 33

Sem Revolver o Fogo 35 • Teu Amor Pode Explodir 35 • O Que Nos Salta do Dia 36 • Pedra Que Rolou 36 • Tudo Fiz 36 • Para Transpor o Mar 37 • As Coisas Viam 37 • Constância 38 • As Coisas Relutam 38 • Avesso de Viver 39 • Indistinta Chama 39 • Num Clarão 39 • Por Onde se Alargar 40 • Ninguém 40 • O Horário Range, a Solidão 40 • Não é Menos a Morte 41 • Aves nas Pedras 41 • Sem Raízes 41 • O Coração não Sabe 41 • O Universo 42 • Transeunte 42 • O Casco e as Ondas 42 • Nos Fitam de outro Século 43 • As Coisas, como Separá-las 43 • Os Secretos Poderes 43 • Pedem Pouso 43 • Aquém de Sua Vontade 44 • Senha 44 • Tua Noite 44 • Os Riscos 45 • Alguma Sobra 45 • Os Tigres 46 • Volta do Jogo 46 • Não Carreguem os Mortos 46 • Aos Turnos 46 • Que Ponto o Amor é Amor 47 • O Hálito de um Vivo 47 • Entre as Coisas 47 • Vilania 48 • Sob o Travesseiro 48 • Dinastia Subterrânea 48 • Perdi a Morte 49 • O Sinal 49 • A Espreita 49 • Pode a Memória 50 • Um Dia 50

SOMOS POUCOS 51

Prólogo 53 • Toldo 54 • Explosão 56 • Criaturas 59 • Argamassa 74 (1. O Século 74 • 2. Ave Liberdade 75 • 3. Ciclo 75)

O POÇO DO CALABOUÇO 77

I. O POÇO 79
Situação 79 • Assédio 80 • Disposições Gerais 82 • Mora Judicial 82 • Condição 83 • Oráculo 84

II. INVENTOS DO MEDO 85
Ruminação 85 • Périplo 85 • Fluidez 86 • Algemas 87 • Eqüidade 88 • Bem-aventuranças 90 • Fruição 91 • Feira 93 • Freqüência 94 • *Sine die* 95 • Rasante 95

III. LADO A LADO 97
Percurso 97 • Aluguel 98 • Puimento 99 • Decisão Diária 99 • Espelho 100 • Parceria 101 • Camaradagem 102 • Quinhão 102 • Pátria 103 • Restrições 105 • Avaliação 106 • Alento 107 • Cortejo 107 • Óbolo 108 • Rota 108 • Carregamento 110 • Sucessão 110 • Litania 111 • Evocação 112 • Aríete 113 • Convocação 114

IV. SAÍDA 118
Elegia 118 • Coesão 119 • Alforria 121 • Vaticínio 122 • Fluvial 122 • Percussão 123 • O Selo dos Dias 124 • Derrubada 124

CASA DOS ARREIOS 127

Assentada 129 • Progenitura 129 • Carta de Guia 130 • Circunstâncias 131 • Suplicação 132 • Inquirição 133 • Diarista 134 • Entreato 134 • Metafísica 135 • Inquisidor 136 • Aproximação 136 • Versículos 137 • Dádiva 138 • Deriva 139 • Despojamento 139 • Arras 139 • Heráldica 140 • Ajuizamento 140 • Rol 140 • *Uti possidetis* 141 • Vórtice 143 • Salvo-conduto 144 • Penhor 144 • Tribulação 145 • Nas Altas Torres 148 • Jurisdição 148 • Trajeto 151

CANGA (Jesualdo Monte) 153

DESEMBARQUE 155
Alistamento 155 • Visitante 156 • Cultivo 157 • O Exílio 157 • Testemunho 157 • O Mudável 158

ARREVESSO 159
Canga 159 • Candeia 160 • Engenho 161 • Cocheira 162 • Trabalho 162 • Interregno 163

DEMARCAÇÃO 163
Animais de Ordenho 163 • O Dono da Terra 164 • Sustento Forte 164 • Minério da Esperança 165 • O Legado 166 • Cântico 166 • Protesto 166 • Edital 167 • Percalços 167 • Apresto 168 • Premonição 169 • Tombamento 170 • Poema da Devastação 170 • Clepsidra 171 • Do Lugar 172 • Morte-Criatura 173 • Embarcação 174

LISURA 175
Agonia 175

ORDENAÇÕES 183

Ordenação Primeira – RESGATE 185

Ajuste 185 • Chegamento 185 • Provimento 187 • Considerações sobre a Ordem 187 • Considerações sobre a Morte e seus Hábitos 189 (1. Visitante Insólita 189 • 2. Disciplina 190 • 3. Da Roupa Final 191 • 4. Do Hábito 191 • 5. Sepultamento 192) • Dos Mortos 192 (1. Fidelidade 192 • 2. A Fala 193 • 3. Limite 193 • 4. Trilha 194) • A Espera 194 • Andança 195 • Considerações sobre o Jogo 195 • A Paz 196 • Considerações à Beira do Café 197 • O Varejo e seus Balanços 198 • O Gasto 199 • Contrato 201 • Das Medidas 202 • Do Pensamento e seus Lances 202 • Correspondência 203 • Considerações sobre a Falência 204 • Purificação 206 • Vida Eterna 207

Ordenação Segunda – FEITORIAS 209

Retorno 209 • Duração Mortal 210 • Devassa 212 • Registro 213 • Adestramento 214 • Posse 215 • Círculo Primeiro 216 • Lance 217 • Poética 218 • Nocaute 222 • Testamenteiro 223 • Pedágio 224

Ordenação Terceira – DO MUNDO 226

Preliminar 226 • Obssessões 226 • Nunciatura 228 • Diversidade 229 • Vigília 233 • *De rerum natura* 234 • Transeuntes 237 • Quitação 238

Ordenação Quarta – ARROLAMENTO 240

Exortação 240 • Arrolamento 240 • Triagem 247 • Déficit 248 • Inquisição 249 • Moto-Perpétuo 250 • Crença 250

Ordenação Quinta – FORMAL DE PARTILHA 251

Vistoria 251 • Roda 252 • Fragrante 253 • Benfeitorias 253 • Composse 255 • Rede 257 • Desafio 257 • Resguardo 258 • Excesso 258 • Percepção 259 • O Homem e as Coisas 260 • Acorrências 261 • Perenidade 262 • Meação 263 • Testamento 264

DANAÇÕES 267

Advertência 269 • Reconhecimento 269 • Linhagem 269 • Comparecimento 270 • Qualificação 271 • Do Trato com a Vida 271 • Apreensão 272 • Da Deliberação Improfícua 273 • No Tribunal 274 • Do Trato com a Morte 275 • Antepasto 276 • Do Trabalho 277 • O Revés 278 • Da Honra 278 • Da Refeição Assídua 279 • Carência 279 • O Interrogatório 280 • Resolução 281 • Aos Senhores do Tributo 282 • Aos Amigos e Inimigos 282 • O Depoimento 283 • O Ganho 284 • Da Poupança 284 • Da Provável Explosão 285 • Danações Contra a Dúvida e seu Nome 286 • Danações Contra a Usura 286 • A Doma e sua Danação 289 • Aos Senhores da Ocasião e da Guerra 289 • Acareação 290 • Das Emendas e Consertos 291 • O Juiz 291 • A Trama 293 • Sentença 293 • Captura 294 • Repúdio 295 • Desígnio 296 • O Embarque 297 • Travessia 297 • Inscrição 298

O CAMPEADOR E O VENTO 299

Canto I – De Como a Terra e o Homem se Unem. Ofício do Lavrador 301
Canto II – O Lavrador e a Faina: Saldo 304
Canto III – Morte do Lavrador: Inumação 310
Canto IV – Do Homem e sua Casa 313
Canto V – O Lavrador e o Vento. Metamorfoses 316
Canto VI – Meditações sobre o Morto. Exigências 323
Canto VII – De como Cavalo e Dono se Encontram. A Montadura 325
Canto VIII – Libertação do Cavaleiro 334
Canto IX – Do Campeador e Seu Andamento. Utensílios 337
Canto X – O Campeador com as Rédeas do Tempo 342

LIVRO DO TEMPO 345

LIVRO DE SILBION 367

Canto I – Invocações 369
Canto II – Livro da Terra e dos Homens 373
Canto III – Livro do Sol 382
Canto IV – Livro do Tempo 388
Canto V – Ode 396
Canto VI – Invenção no Caos 406
Canto VII – Homem no Caos 411
Canto VIII – Construção do Sol 418
Canto IX – Construção da Noite 425
Canto X – Construção da Aurora 432
Testamento de Silbion 438

SÉLESIS 441

Poema de Sélesis 443 • O Mar e Eu 448 • Nascimento do Poeta 449 • Menino de Bronze 450 • Lunalva 451 • Noite Sem Nome 452 • Noite de Ácidos 453

FONTES BIBLIOGRÁFICAS 459

… despertarei a aurora.

Rei Davi

Claridad, potencia suma:
Mi alma en ti se consuma.

Jorge Guillén, *Cântico*

Estás preso dentro da luz.

(Palavras ouvidas
num sonho)

O TÚNEL

Foi difícil. Foi
difícil habituar-me
a viver só no Túnel.
Esperava uma lâmpada
ou algo que de repente
iluminasse.

Mas o Túnel
tinha suas preocupações,
metamorfoses.

OS TRABALHOS
DA NOITE

10. E habitava ali.
Meu lar sobrevivente.
Com ar, alguma
rarefeita esperança,
pão, água, morte.
Amor nenhum.

Meus estimados mortos,
cheguei a viver
por misericórdia,
como um móvel
20. na parte da sombra.

Cada dia era um passo
vacilante no desconhecido,
um passo furtivo, neutro.
Semi − desperto.
Porque a outra parte
dormia. Em mim,

no Túnel, por toda
a extensão do silêncio.

Fui tantas vezes
30. um pobre animal
marcando a convivência
com os dias
em velho calendário.

E eu nada mais
sabia de mim.
A natureza vai-se
despindo das naturezas,
a árvore
das árvores,
40. o Túnel
dos Túneis.

CIVILIZAÇÃO CALADA

Alguns livros
que lia,
junto à água-furtada,
eram réstias
de uma civilização
calada, úmida.
Fechada no Túnel,
como eu,
50. de alguma metáfora.

Mas até a ler
desaprendera
porque doía
a aventura
de arcaicas escrituras.

E a dor era analfabeta.

PEQUENAS
COMUNICAÇÕES

Vez e outra recebia
pequenas comunicações
com o mundo.

60. Mas o mundo
não se importava
com o Túnel.
Estava noutro
e maior, interminável.

O VENTO

O vento, esse
me visitava.
Dava-me o alento
minucioso do sonho.
Vinha à cabeceira
70. e indagava e estava
sempre perplexo.
Fazia-me transbordar
de uma alegria
sobrehumana
e era liberto.
Entrava e saía
do Túnel
sem licença
do universo.
80. E foi a primeira
vez que alguém
falou da luz.

PERDI O FATAL
DISCERNIMENTO

Ah, meus amados mortos,
quem pode adivinhar
o que se passa
sob um Túnel,
quando há um poeta
que ainda espera?

E me perguntareis,
90. ciosos, práticos:
Por que continuar
no Túnel?

Então agradeceria
se pudésseis
ensinar-me.

Fiquei um bocado
preso, perdi,
quem sabe, o vislumbre,
o fatal discernimento.

100. Dizei-me como
fugirmos do que
levamos por dentro?

E, vós, tão complacentes,
acaso não sabeis
que estais
no Túnel?

ESTIVE EM VOSSA
CIDADE

Meus amados mortos,
também estive
em vossa cidade.

110. E tamanho é o vigor
do medo, sem cravos,
madressilvas, a perna
do rancor, a mobilidade
diária da lua,
as culpas regadas
a álcool e pólvora,
que me teríeis ferido
em vossas ruas.

E não seria eu
120. a escrever sobre o Túnel
mas estava
morto convosco.

OS TRABALHOS
DA LUZ

Encho de frutos
a luz,
caminho dos gentios,
mesmo tênue.
A luz
de que o vento me falou
um dia, sua espada.

130. Quero tê-la.
Deixar que brilhe
imperiosamente no Túnel.

Cintile.
Ainda que seja um fio

AS FOLHAS DO
CORAÇÃO

As folhas do coração
têm pancadas fundas.
Passadas
sobre as tábuas da chuva,
as maçãs, nuvens.

140. E os ratos correndo
no Túnel.

Sempre te buscarei,
guardarei teu nome,
batendo, ó luz,
nas cordas da água.

As folhas do coração
ateiam estrela
a estrela.
As abelhas.
150. A roda lenta
girando.

E, embora um frio
gelasse o Túnel
e a garganta,
com a chave das árvores
se abrem as folhas.
Batem
tuas mãos
nas minhas.
160. Como uma guitarra.

SE OS DIAS
NÃO FOSSEM
ABREVIADOS

Tenho saudade
do que amei
e às vezes,
miraculosamente,
do que não amei,
porque tudo dói
nos ossos.

E quando
se vive no Túnel,
170. um olha
para o outro
e só vê
o Túnel,
um esquece
ao outro
porque vê
o Túnel.

o imposto de renda,
os olhares lúbricos,
180. os lucros e perdas:
o túnel do Túnel.

E por brotar
a iniquidade,
até os escolhidos
se perderiam,
se os dias do Túnel
não fossem abreviados.

ROSAS BRANCAS
NUM VASO

Comecei a preservar-me.
190. Comecei a amar a luz,
Rascunhava cartas
para a ausente amada,
sem enviá-las. Rabiscava
versos e rasgava.
Punha rosas brancas
num vaso
para lembrá-la
ou algumas folhagens
vespertinas.

200. O processo do amor
é igual ao da morte?

Do amor só retemos
memórias e violetas
em murchas
páginas?

A história humana
pode abranger a vida,
quando alcança
a morte?

DEPOIS VOS
CONTAREI

210. "Se estas coisas sucedem
quando o lenho está verde,
o que não sucederá
quando, estiver seco?"

– eu lia – e era talvez
profeta, escriba

de uma luz
que apetecia
seguir, morrer.

E ela, por formas
220. tão estranhas,
já caminhava
em mim, segredava-me
aos ouvidos, agitava-me
as entranhas,
como o caos
movido
na Palavra.

E o dia
mais belo
230. vi romper
o Túnel.

Porém, só depois
vos contarei.

PROVAÇÃO

Sim, estimados mortos,
fui infiel muitas vezes
quando o Túnel
me arrancava os meses
e eu não percebia
essa luz pêndula, íntima.

240. Chorei chorei chorei
por todos os vivos juntos,
emudeci nos ossos
as transitadas culpas,
provei a humilhação
e uma agonia, de que
solicitei a morte
e não foi dada.

Bradei
com a fúria dos gastos
250. joelhos e fui quebrado
na mortal carne,
vergastado
por lábios que amara.

Fui moldado
na argila
quando a clara
desolação era
minha filha.
Gritava pela luz
260. na provação mais fria
e piedosa do amor.
E me tornei fiel fiel
como uma pedra,
uma pedra,
uma pedra pousada
sobre a luz.

ALDEIA MÍNIMA

Havia uma comunidade
sob o Túnel,
aldeia mínima.
270. Como as formigas.
O enigma: antepor-se
às fadigas.
Ir vagando
por dentro: aramaico
vento.

AS FILHAS
DOS HOMENS

Muitas filhas dos homens
— formosas à vista,
verdejantes —
280. cruzaram o Túnel
como as águas
de um rio que segue adiante.
Não gozei sua branda companhia,
tão pouco as cortejei.
Passaram.
Ser feliz é ser fiel é ser.
Almava, amava a luz
definitiva. E esperava, vinha.

Até o corpo sem a alma
290. se definha. Mas esperar
é criação do dia.

ESTIRPE

Meus estimados mortos,
como podíeis ser humanos,

se não o sabeis?
E quanto de vós
em mim se atrela,
a essa natureza
combalida e externa?

Metódicos, avessos
300. ao que vos vence, tendes
cabeças que vos regem,
que nunca vos entendem
e nem sabem de vós.

Os sentidos se evolam
por não ouvirdes sua voz.

Se o Túnel não é mais
esconderijo,
onde poreis
os vossos olhos fixos?

310. Meus estimados,
nem sequer podeis
vos levantar.

Ao ódio, mastigai-o.
Mastigai. Há de fanar
o chão que vos devora.
Ou as flores
que vos vomitarão?

Deixai-vos enterrar!

Tendes identidade
320. em toda a parte:
carteiras, fichas,
portes. Mas não
guardais nenhuma.
Sósias de vós próprios,
sósias do que a sombra
pôs na cara. E não
é cara, é morte.

Sim, tão precavidos,
adiais, receando
330. a lei e acima
dela estais. Morreis
de não morrer.

Ou vos valeis
de proibições,
espias, tílias,
agentes subalternos,
funerários, expedientes
ignaros, para
arredar-nos.
340. Mas sois comparsas.
Nós, intrusos.
Só matais
o que passa.

E perguntais sobre
a minha saúde.

Estimados burocratas,
é tal solicitude
que vos mata.

E adiais a gravata,
350. a palavra espada
que vos corta.
Adiais o juízo.

Há tanto já morrestes
sem vos dar por isso.

TÚNEL MORTO

Quando não aguardava
nada, quando nada
se extinguia com sua mágoa,
sua nula garrafa, a espingarda
enferrujada, a caixa destam-
360. pada , abstrata, a borracha
dos sapatos arrancada.
Quando não roçava alma
mais em nada
e o Túnel era uma locomotiva
parada, sem a máquina,
quando quando quando
a luz me apareceu,
deixei o Túnel velho, a luz
correu mais eu, deixei
370. o Túnel morto morto
e o seu corpo sepultei.

A luz correu mais eu,
mais as alfas esferas,
as nossas lâmpadas
pernas, principiei
a nascer, crescer,
correr, ressuscitar.
A luz tirou-me
pomo
380. de um tronco corpo morto.

VOAMOS

Bendita luz, voamos
agora, de mãos dadas.
O corpo o corpo ignora
as léguas já andadas.
A alma calma aflora
e o ar é nossa casa.

Com peras e cerejas,
o espaço enfunado
nas velas: sala, quarto.
390. A sacada de um barco.

A morte é um passarinho
que foi pousar sozinho
na montanha distante.
A luz e eu planamos.
Mesmo que a dor se espante,
o amor abre o caminho.

A LUZ DORMIA

E abria. A luz dormindo.
Tive de acordá-la.

"Luz" — eu disse.
400. "Luz" — gritei, aflito
e ela me fitava
como se já tivesse
partido.

Depois me abraçava.

Tive medo — confesso.
Tive medo
de segurar
tamanha luz.

Sujeito a pesos, avencas,
410. casacos batidos e suados,
tardas conversas
com as laranjas
e os pombos.

Mas segurei a luz
e ela me amou.
Agora estou perfeito
entre os seus braços.

CUIDAVA

Cuidava de não
entristecê-la.
420. O amor tem
muito medo.

NÚMEROS

Que números alçam,
mensuram, tangem a luz?
Nada tinha
com os números.

E a luz só podia
ser medida
pela luz.

NUM ACENDER
E APAGAR DE 430.
OLHOS

Não lhe perguntei
a idade.

Pode ter idade
a madrugada?

E a percebo comigo
num acender e apagar
de olhos, na mesa
de trabalho, no centro
da republica federal
da noite.

Pode o clarão de uma cidade
440. esconder-se no monte?

E se existe turbulência
é aquela de não

nos satisfazermos
mais com a sombra.

LUZ–GRITEI

Luz — gritei.
Para sonhar
preciso estar dormindo?
Para acordar
estou vivo?

UM PÁTIO

450.   Luz — falei mansinho
e ela vinha vindo
de um pátio límpido.

Trazia amoras rubras
e nos abraçamos comovidos.

No amor nenhuma hora
— a luz me disse —
pode impedir-nos
de acordar a aurora.

SONO DA OLIVEIRA

460.   Quando quieta, assentada,
assemelhava-se
ao sono da oliveira:
rente, lerdo,
aconchegado ao rosto.

MESMAS FEIÇÕES

Habituei-me com a luz.
Apurava-me, podava.

Começamos a ter
mesmas feições,
gestos simultâneos.

470.   Fui habitando
a claridade
nela. Como
certos casais
de tantos anos
e intimidade.

RESOLVEU LEVAR-ME

Até que a luz
resolveu levar-me.

MEUS ESTIMADOS VIVOS ■ 29

Íamos sem
alarme, devagar.
Os pés vagavam
480. como se fossem
árduos leopardos.

A luz não envelhece
e agora, também eu.

Entrávamos. E era
a eternidade.

O CÉU DOS CÉUS

Pássavamos no céu
dos céus, a luz
cada vez mais moça.
Mais extrema.

490. Luz de voar
em Deus.

UNIVERSO

Saíamos
pelo universo.

Dizia:
"Eis a mansa calmaria
do fogo que me cerca".
E eu entrava no fogo.

Desde então não me consome.

Para as nebulosas apontava
500. "que conheceu na infância".

E buscava a chave da noite:
avulso
vaga-lume.

O vaso de violetas,
um cometa.

E amor ia pousando,
descia pelas coisas
quando me falava.

Com a luz correndo,
510. pancada de água.

Amor não pesa nada
mas se lembra, esquecendo
e conhecendo, aguarda.

A eternidade é ver.

*Fomos dados em espetáculo
ao mundo, aos anjos e
aos homens.*

PAULO, *Carta aos Coríntios*

I

SEM REVOLVER
O FOGO

Escrever a dor
sem revolver o fogo,
a envelhecida cinza.

O que pode o amor
com os dons aprisionados?

Escrever
a ferocidade das coisas.

2 Era preciso
limo e pedra
para te ver.
Escrever a dor,
Abandonar
minha guitarra
o sol.

Um homem não respira
sem o mundo à soleira.

II

TEU AMOR
PODE EXPLODIR

O teu amor pode explodir.
Desfazer-se ao contacto da brisa.
Pode inventar o mar
mesmo dormindo.

Meu coração saltou
pelas marés do peito.

Foi verde
ao teu amor.

III

O QUE NOS SALTA DO DIA

Temos de ser ferozes.
O mundo é nosso rosto.
O que nos salta
do dia.

A morte distraída.

Ardemos ao tocar
cada objeto.
Temos de ser ferozes
Ir sobrevivendo
pele a pele.

Tudo nos supõe
em resistência,
amando.

IV

PEDRA QUE ROLOU

Tantos anos, pedra
que rolou da montanha.
Tantos anos na terra
em vizinhança.
Tolerantes os mortos,
compassivos.
Não discutem a distância
entre os cardos e o corpo,

Tantos anos de esquiva
tolerância, anônimos suores,
como se a alma flutuasse
para fora de sua nave.
Tantos anos, os ratos
já puíram as velhas tradições.
Tantos anos, amor
e não nos conhecemos.

V

TUDO FIZ

Tudo fiz
para que o tempo
restituído
te habitasse.

E o que dele tomei
foram resíduos
de flor,
batalha.

2   Amada, sei das rugas.
A nossa juventude
é uma noite,
uma moita.

As mãos não dissimulam
onde começa o mundo.

Uma noite,
uma moita,
uma luta sem tréguas.

VI

PARA TRANSPOR O MAR

Sou estrangeiro
em mim,
como em teu corpo.

Tenho um lote de fé.
E apenas mãos e pés
para transpor o mar
que trago ao rosto.

VII

AS COISAS VIAM

Quando aprendi a ver,
as coisas lentamente
se ajustavam
e era a noção do som,
vento chegando.

E fui amanhecendo
no olhar
e as surpreendendo
em seu furtivo medo.

Um dia percebi
que as coisas
se encantavam
com palavras.
Disse: *Vésper*.
E as coisas
anunciavam
o amor.

Pareciam conter
igual raiz.
A insólita alegria
de te chamar.

As coisas viam
e sonhavam.
Descobriam-se
rudezas,
amenidades.

Elas se alimentavam
de nosso desconcerto.
E se descontraíam
na sombra de estar vendo.

VIII

CONSTÂNCIA

Quero que os olhos persigam
mais duramente a vida.

O corpo seja mais corpo
na alma.

Depois de morto.

IX

AS COISAS RELUTAM

As coisas relutam, sei,
relutam
na severa vida dos homens.

Amor, que face estranha
é capaz de revolver,
se consumindo?

O tempo pesa
junto ao braço.
Pesa
nos pés que não caminham,

E a severa vida dos homens
se acumula nas frases:
são murmúrios.
tocos secos de árvore.

X

AVESSO DE VIVER

Não sabemos de nada.
Sob a laje
ou sem número,
o corpo escolhe
a sua origem.

Os percalços no sangue
se redigem
e em gerações se animam.

Não sabemos de nada,
de ninguém, de nunças
que selaram
a solidão de um homem.

Não sabemos do avesso
de viver.
E todos os enigmas
o povoam.

XI

INDISTINTA CHAMA

As coisas empurram, atropelam.
As quotidianas coisas
nos fatigam.
E se pergunta à alma,
se ela ousa
compor a sua chama
indistinta de amor
e sepultura.

E dizemos à alma:
não há móvel ou ciência
que faça confluir
a luz jogada
por este coração
baixando as pálpebras.

E cada coisa é mundo.

XII

NUM CLARÃO

Nós pensamos: as coisas
murcham.
De tanto imitarem
nossa queda,
se tornam presas
de igual dor.

As coisas
num clarão
caem.
Dobram-se.

XIII

POR ONDE SE ALARGAR

Terá o coração
o destempero
de quem se abriga
em território neutro
para um combate aceso?

Terá explicação maior
a seus propósitos?
Por onde se alargar,
se alarga o vento.

XIV

NINGUÉM

As coisas são Ninguém.
Como se Ulisses
fosse nelas chamado.
E nós, humanos.
E um fervor
as modulasse.

Ninguém, ninguém.
A sombra de outra sombra
regressa às coisas.

XV

O HORÁRIO RANGE,
A SOLIDÃO

O horário range,
a solidão
com roupas,
trabalhos, olhos,
mãos, abraços.

Rangem os gonzos
de nosso tempo avaro,
rangem os ferrolhos
do sonho, as devoções,
rangem, rangem
abandonos, carnes,
famas, poderes,

E o soluço não range.
É um luminoso pão
que nem todos comem.

XVI

NÃO É MENOS A MORTE

Que tenaz a ocupação das coisas!
Não é menos a morte nelas,
não é menos a morte ocupada
por tristes predicantes.

Aqui, os segredos se dividem,
a comida, os traços
e as palavras de ânimo,
moedas
de uma fabricação
mais silenciosa.

A ocupação da noite
pelo grito
dos que se agrupam tensos
com as coisas lhes subindo
ao coração.

XVII

AVES NAS PEDRAS

Está completa a dor
para chegar
a seu trancado hábito.

Não sabemos
quanto resistimos
ou se as formas resistem
onde a alma
é dor solta pelo mundo
como as aves nas pedras.

Polidez de ser
feroz, amando.
No inferno
não gritar
que a sombra
está completa

XVIII

SEM RAÍZES

Nos deslocamos
do solo. Tudo
em nós pede
pátria.

XIX

O CORAÇÃO NÃO SABE

Provisório aleito,
amor desenterrado.

O coração não sabe
divisar os seus ritos,
nem se arrimar na terra
ou nas cicatrizes.

Renascer com as uvas.
o esquecimento,
o coração.

XX

O UNIVERSO

O universo é um carreiro.
Estamos
no fim de nós mesmos.

Nada nos basta.
Nada é um instante.
E os extremos se iluminam,
gastando.

XXI

TRANSEUNTE

Recomeçar o amor
de sua paciência;
de sua juventude
uma nuvem tão curta.

Alma absoluta,
transeunte das coisas,
visitante indomada
e cauta.

Quem te escolta?

Recomeçar o amor
onde sua roda corta.

XXII

O CASCO E AS ONDAS

Das coisas retirei o suborno,
a sua evasão, o casco e as ondas.
Agora reparo na agonia
com as quietas aparências
se finando. Frutos,
desmanchei-me no solo
em que descubro
o som do mundo
em mundo se alongando.

Quem te amou
estava em mim,
estava no menino.

O corpo abandonou
a alma finda.
Por outra que fugiu.

XXIII

NOS FITAM DE OUTRO SÉCULO

As coisas fazem parte deste olhar,
deste gesto com elas.
Nos fitam de outro século,
cães de guarda, as coisas,
cães que se farejam.

As coisas fazem parte deste olhar
perecível, andaimes.

XXIV

AS COISAS, COMO SEPARÁ-LAS

As coisas, como separá-las
da morte, se o universo
é colmeia?

Como separá-las de nós,
se as despojamos, usando-as
e as vestimos
com a nudez mais repleta?

As coisas em morte
nos redimem.

XXV

OS SECRETOS PODERES

Os secretos poderes
que nos ligam
ao mundo inapreendido.

Os dons secretos
que nos fazem vivos.

Os escuros receios.

Teogonias ressonam
os vidros do sono.

Nós, moscas,
sim, moscas
espantadas
num círculo,
Deus.

XXVI

PEDEM POUSO

As coisas pedem pouso quando amam.
O homem que as forjou estava morto
e mais mortal as recolheu.

As raízes foram elas que nos deram
o apego a pólens, musgos, restos
e o sortilégio de liberar acasos
contra quem se esqueceu.

As coisas pedem pouso quando amam.
Que alma as penetrou, que inconcebível
dom de cogitar no ser amado
e dar-se? As coisas pedem paz.

XXVII

AQUÉM DE SUA VONTADE

Não busques o equilíbrio
nas coisas. Elas jazem
aquém de sua vontade.
Nem no dia que se alteia
longe de teus braços.
O equilíbrio é um arrabalde,
um corte na justiça.
Nem o amor, nem o antigo
vagar dos planetas.
Nada te equilibra,
nada salva
seu rumor de semente.

XXVIII

SENHA

Pode o equilíbrio
suportar o amor?

Os amantes se aturdem
indagando.
E talvez indagar
seja respiro
além do abraço,
permissão de conspirar.

Cada lábio, uma senha.
Conspiramos amando.

XXIX

TUA NOITE

Tua noite possuía
a alegria polida
além das estrelas.

Tudo aprendi
porque sonhei.

2

Como é duro
para nós ainda.

O ruído
nos enxuga
a lágrima

Ainda
o abraço interminável.

Ainda o meu ombro
clareira
a teu lado.

A cama ainda estendida.

E a vontade irresistível
de prolongar-se com a noite.

Ainda.

XXX

OS RISCOS

O risco de uma folha
contra os passos.
A flor de teu andar,
sábio costume
de ventre se adestrando.

Filhamos um rumo.
Reanimamos
o lume das coisas.
O risco de uma sombra,

Entre os mortos,
fronteiras.
Que perícia de vida
fluindo.
Onde, vivos,
nos guardamos
dos mortos?

XXXI

ALGUMA SOBRA

Reter alguma sobra, um leve temor
ou frágil sombra.

Salvar o amor fiel, o sonho,
algum trêmulo orgulho.

O homem não é rito gasto,
animal capturável.

Salvar a salvação.

XXXII

OS TIGRES

As coisas são tigres
em minha classe.
Ascendência na selva,
exercício.

Felinas, indiscretas
nos conduzem
a uma afeição longínqua
por mapas, vasos,
um canapé, reclusas
províncias.

Divindades, as coisas
como o fogo.
E nada tão fugaz.

Somos adoradores infiéis.
Os tigres nos rondam
para o assalto.

XXXIII

VOLTA DO JOGO

Quando o amor nos toma,
nos transpassa.
E não somos do amor,
nem de nós. O mundo
é uma escada, uma volta
do jogo e nos escapa.

Que alegria disfarça
um tamanho sofrer,
andarilha revolta
não estanca
nos amantes o amor.

XXXIV

NÃO CARREGUEM
OS MORTOS

Uma terra que não seca
está conosco.
Não carreguem os mortos.
Os ramos se renovam.
E o coração
tem uma corola de fôlegos.

XXXV

AOS TURNOS

Tudo é lento, dispendioso.
Qualquer maturação,
um movimento
para dentro.

E a memória
aos turnos se desfaz
com os mesmos frutos.

Se as coisas nos engolem.

XXXVI

QUE PONTO O AMOR
É AMOR

Que ponto o amor é amor
ou apenas brusco
atordoamento, expiação
de um mundo definhado?

Que ponto o amor é amor
e eu, esvaído,
com o tempo a se esvair
quando respiro?

Eu sei do amor
se ando ou se tropeço
mas nem sempre se move
no meu jeito.

Que ponto o amor é amor
ou sedimento?
E mínima planura
nos persuade
se amor é largo
pensamento se abrindo
e este fogo deixado encanecer.
mas crepitando.

XXXVII

O HÁLITO DE UM VIVO

À vida, compreendê-la
não nos foge.
O vento não persegue
o outro ser do vento.

Dizemos as coisas
e por elas não fica
nem o hálito de um vivo,
a tranqüila safra.
Há muito de reserva
na vinha do inconsciente.

XXXVIII

ENTRE AS COISAS

Vivemos entre as coisas
como entre cavalos e rãs.
Nossa indigência transparece
lenta com as mangueiras.

Uma inacreditável ciência
nos avassala
para crer, criando.

A dor nos cruza:
que sabemos dela?

Os urros de um bezerro
são humanos, vulneráveis.
A dor não tem lindeiros,
nem país confinando
o animal do animal.

XXXIX

VILANIA

A ferocidade dos que vivem
nos alucina.
O ferrão das coisas,
os repentes.

A ferocidade se resguarda
de sua vindima.
É um desgosto
de só ferir os ossos
do real.

Quanta consciência, quanta vilania
de não ser alma, entre os seres,
consumida.

XL

SOB O TRAVESSEIRO

Acordei-me. Sob o travesseiro
a lagartixa viva, o pensamento.
Dela não escapo, nem retiro
a sonolência, o pudor
de esconder-se
na compressão das penas.

Entre a fronha e o sol,
amamos, morremos.
E nem sequer o linho
de universo
se amarrota, nos tece.

XLI

DINASTIA SUBTERRÂNEA

Morremos cada estação.
As lagartixas correm
nas paredes
e arroios, florescem.

Nenhum animal é excesso.
As aves e as folhas voam.
O destino de um homem
é estar entre as paredes
e contê-las.
Alguma dinastia subterrânea,
um trono de anjos e demônios.
Uma centelha.

XLII

PERDI A MORTE

Quando te vi, perdi a morte
como se a companhia se evadisse
num desembarque súbito.
Romperam-se os limites, os frisos,
os adeuses que levava.
Então me acompanharam as auroras,
o fogo, o semblante dos vivos.

XLIII

O SINAL

O odor dos frutos
não desenha o inverno.
E a primavera
tão pouco se contenta
com odores de amantes.

Inteligível o sussurro
das fontes
para os corpos abertos.

Inteligível o sinal
que recuava,
o sinal renitente
dos que amavam.

Noite, noite: estamos
extenuados.
E há pegadas
em nós sofrendo,
onde Deus é um odor
dos que se aceitam

XLIV

A ESPREITA

Não tragam a esperança.

Quantos séculos
para brotar um cêntimo,
um milésimo de homem.

A FEROCIDADE DAS COISAS ■ 49

Nem o curso dos ossos
enverdece
a penúria da espera.

Não a tragam. Conservem
os sentidos à espreita.
Como um cego.

XLV

PODE A MEMÓRIA

Pode a memória ser árvore.
E nós, os nodosos ramos.

O passado é grão
no pensamento.

Um homem se faz
com o que vê
e o que consente.

Pode a noite ser árvore.

Um homem se faz maré
e sua própria semente.

Pode a aurora ser árvore.

XLVI

UM DIA

Um dia a aurora
na cesta do pão.

Um dia as coisas
vergarão a aurora.

Um dia
amor e amantes
colherão
no dobrar das mãos.

O mundo
ao lado de outro
mundo.

Um dia.

*Para Maria Elisa,
esta América.*

*Sales de ti; levantas
la voz, y te levantas*

NICOLÁS GUILLÉN

PRÓLOGO

Nossos dramas quotidianos
não contam
na milícia dos dias.

Iguais às nuvens,
as noites vêm e vão
num redondel ou tubo.
E os revezes são núcleo.
Qualquer gota
nos filtra.
O extravio
é a nossa identidade.
Nosso número.

Tudo sucede
a tudo
e nós, humanos,
não nos sucedemos.
Nos sucedem.
E o sangue
é a cal
do sangue,
sua província.

Só vinga
o que adubamos
com folhas de abandono.

Tábuas de rebelião.
Tábuas de dor,

nós somos.
Tábuas, tábuas
no universo inviável.

Tudo sucede
a tudo.
Sem vestígio.
Insubmissos,
nosso amor
remonta aos astros.
E é o desequilíbrio.

TOLDO

Já se arma o drama,
cavidades maduras,
coisas mudas
de coisas se formando
como se de uma parreira
fluíssem abismos, notícias,
morte subitânea.

Depois o vemos
com as uvas,
amarradas aos climas
e às gargantas.

Depois o tempo o tempo
o tempo aperta
os músculos
e somos os convivas.

O drama deslizou
pelos cabelos
e dele foi o vento,
foram telhas,
foram cascas de ar
no chão de espelhos.

II Como meditei, antes de havê-lo.
Como hesitei.
Achava de o tanger, no menor rasto,
no lombo mais redil
quando pastava,
nos pousos de sua mira,

nas cocheiras
de seu mais vasto dia.

O drama investe armado
E é como o seu exército atacasse
o flanco inesperado, o inimigo.

Nem frestas lhe couberam,
arestas, zelos.

Apenas a matéria
e a dor de tê-la.

E tudo exterminado.

III Como hesitei
antes de ser levado,
antes de ser tragado,
antes de não o ser.

Como hesitei nesta maranha,
nos ramos, nos cachos-desígnios,
na sorrateira aranha
que a custo detinha
no percurso.

Entre a régua e o esquadro,
entre a fortuna, os dados;
entre as cartas e Deus.

IV Regentes ou regidos
no extermínio?

Exterminados,
cientes de seu tríduo
ou jamais a consciência
nos atende.

Dúbios, de repente.
Duplos, dúplices.

E como, se o mundo
nos repele ao concebê-lo
e ao nascimento pomos

sobre as costas,
com todos os viventes
que nos geram?

Gerei, geraste.
Éramos.

V   Quem pode ressuscitar-nos?

Continuamos vivendo
mas não somos os mesmos,
outros seres nos invadem.

Continuamos — que fazer? —
senão estar separados
no longo ofício de ver.

A casa: com amada e filhos
na reunião familiar
junto ao almoço. Revejo
cada rosto, cada voz,
cada silêncio na dor
de não poder estreitá-los
apesar de os integrar.

Por que partir, se ainda
ao ombro me pressentia
o outro ombro da vida?

Depois os amigos — poucos
mas reais. A terra
no peito, o pátio
dentro do amor
amurado.

Morri, de súbito. Sei.
Morremos todos de vez.
E mortos, há partes vivas
que combatem.

EXPLOSÃO   Não sei onde eu estava.
Parecia que um sótão
me prendia na cova.

Parecia que o medo
me expulsava das coisas
e o mundo engavetava
o solo de outro mundo
em clarinete e flauta,
consumindo-se, larva
na chama de uma pátria.

Não sei por que a demora
de ser tão perto a aurora
cheirando a flor, a jeito
de campo, jeito longo.
Não sei por que a demora
(um século, um minuto?),
pois só floresce a história
na árvore sem frutos.

Não sei onde eu estava.
Possesso fui, serei
e os meus sentidos todos
gritam o que não sei.
O meu rosto é um soldo
que, de cantar, ganhei.

Não sei onde eu estava.
Parecia que um sótão
me prendia na casa.

II   E explodimos todos
porque somos poucos.

Não cabemos na ordem
que nos deram, de troco.

Pousamos
onde não nos espantam.

Pousamos e rebentamos
porque somos poucos.

III Penso nos mortos,
nos desaparecidos.
Entre eles e nós,

há um redobrado aviso.
Um morse ou instinto.

Algo que sobrevive
à criação, ao dilúvio.
Um aperto de mão
que, de tão longe,
é abraço.

O soluço
ao lado de outro soluço
súbito.
E tudo é o mesmo laço
irresolúvel.

Sobreviventes,
nascendo aos poucos.
Aos poucos,
aos poucos
sobrevivendo.

Nascendo
aos poucos,
aos poucos.

IV   Sei que nascendo
custei para existir
e vou carpindo
em modos de viver,
não existindo.

As vozes, os abafos,
os relógios
sussurravam o tempo
e eram dele,
de suas curvas e luvas,
urso
de solertes usos.

Como levei nascendo
e era um povo,
sem nenhum acervo
a não ser o silêncio,
as ruas sem alarde,
as tardes sem o vento.

Como levei nascendo
e somos poucos.

CRIATURAS

Explodimos compassivos
e nos ligamos aos mortos.

Aos que rastejam
no crivo dos anos.

Vivos.
Como as pedras,
os montes.

E nos dividimos,
vivos, aos molhos.
Com os caminhos.

Não conseguimos amar,
nem partir,
nem sofrer novamente.

Cada um
tem milênios
no peito.

E só pode um bocado,
um rebento
de estar vivendo.

Explodimos.

II Ninguém nos percebe
e somos o crime
de existir. adrede.
Por fora.
Como uma janela.

Explodimos
porque somos humanos.

E vemos,
sem nos dar por isso.

Vemos, ouvindo
tombarem raízes
de estar explodindo.

Não nos vale
acatar o possível.
É preciso ir mais longe.

E explodimos
porque somos loucos.

III   Clandestinos, subterrâneos,
nascemos
de encontro ao que somos.

E nos conhecemos,
animais de olfato,
entre moitas e sonos.

IV   Já tivemos honras,
somas, atributos.
Mas abdicamos
porque isso é pouco.

Nos roeram tudo.
Ficamos sem posse;
ficamos com tudo,
pois de patrimônio
— o céu, os rios, o chão —
tornaram-se nossos
por obstinação.

Nos roeram tudo,
salvo o coração
duro como um soco,
duro, duro, lúcido
por obstinação,
ou talvez por medo.

Eis nossa coragem:
a de andar mais cedo
ou dormir mais tarde,
a ponto de o medo
resistir ao medo.

Porque somos povo,
nos roeram tudo.

Até mesmo o nome,
que era um sítio
de maçãs e figos.

Nos roeram tudo;
só restou o número
de semente,
o número de madeira rasa,
por onde nascemos,
quando a noite é casa
com nenhuma estrela.

Explodimos juntos.

V   Nomes tínhamos.
E hoje, todos anônimos.

Constelações empurravam
o nascimento do povo
e eram eles,
de ombros caídos e torvos,
com olhos
onde as palavras
se avolumavam
no fôlego.

E na alma,
quando mortos.

Nomes tínhamos
Nossa família eram aves
que emigravam
e ainda emigram
por não se saberem aves.

Cada manhã
dedilhávamos
o sol de todos,
insólito.

Se na praça
nos sentávamos,

era a conversa do dia,
sobre o horário do serviço
ou da agonia.

Nomes tínhamos
e hoje,
de que nos servem?

VI   Também as armas
não servem.
(O nome
é uma arma imóvel).

Apesar de engatilhadas,
apenas ferem o corpo;
sobre o mais,
não podem nada.

Os sonhos é que trabalham.
Servem sonhos e outros sonhos
que se renovam no malho
e se fragmentam, vivendo.

As idéias
quando se erguem,
já são caminhos trilhados.
Foram sobrados e foram
canto de sangue avançado.

O que a sentença cumpria,
a delação detonava.
Um fuzil
que não luzia
com as estrelas.

Quando as idéias se plantam,
há um mar que se levanta
pelas veredas: a pátria.

Mas as armas não nos valem.
Somos poucos.

VII   Não quisemos
meio-termo na vida.

Ou planejá-la, quem sabe,
com réguas e lápis.

O meio-termo
não é nossa mobília,
nem participa
das reuniões em família,
da folha de serviços.

É um vício
que vai quieto.

Explodimos.

A vida, mudança
de balsa e de água.

Sem meio-termo.

VIII   Eis que a memória se abre,
com sua alavanca.
Draga.

E os nomes voltam, anêmonas.

Os nomes retornam,
corpos
para as almas
que vagavam
nos infernais corredores.

Cada um,
num só lampejo,
pela bússola do vento
reaparece.

IX   Desde cedo,
compreendemos o horizonte
e sua aprendizagem
de ver mais longe.

Farejamos
o que continha
além da quinta das nuvens

e tantas vinhas altas
que nele ventam e pungem.

X   Depois vieram companheiros:
um da fronteira, e outro,
provindo de Pernambuco.
E outros que, por demais,
o nome foi consumido
e são flor, relva, ruído
de fonte, torso de terra.
Outros que se desfizeram
e nem o tempo os conserva.

XI   Mas qual o tempo da pátria?
Nela não alcança o tempo.
Ainda que seja feita
com nosso tempo e que vista
esta roupa toda cheia
de nossos dias, limites,
roupa da morte assumida
e conhecida, de vista.

Somos de uma pátria esquiva
mas somos dela — cativos, extenuados.

Porção nenhuma da pátria
vai conosco ao ataúde.

Somos de uma pátria esquiva.
Nossa a marmita de horas,
o farnel da ventania.

E ser dela nos basta.

XII   O universo é amor.
Nós o esboçamos
no travo de sorrir.
Nós o fundamos
cada manhã.

E as câmaras as câmaras
as câmaras
com marcas digitais

nas paredes da noite,
marcas tão convictas
que às pedras se assemelham.

O universo é amor;
não há chuva, conchas,
bosque, planeta, nebulosas
que não sejam universo.

Uma junta de bois
é universo.

As coisas são simples
mas pesam
quando sofrem.

E as câmaras as câmaras
as câmaras:
o mar nelas se rende
e é menos mar
porque devoram rostos
e cabelos, medulas
de suor, amadas, ventres.

O universo, amor.
Mas a consciência
é uma: a de estar vendo
com mãos, vocábulos,
ouvidos,
narinas ao vento.

E câmaras câmaras câmaras
até onde
na memória?

Até quando,
entre homens
que não se vistoriam,
entre as presas
e as mandíbulas
de medo?

Nossa consciência é una
como a terra.
Não é cúmplice nunca
e não cede

por ser de companhia.
Embora o corpo ceda
nas câmaras nas câmaras.

Pode ela andar solta
em toda criatura.
Pode ela amar o som,
a sombra, o território
que a dor invade
aos borbotões.
A consciência.

Qualquer palavra,
lâmpada ou cidade,
era universo.
Os números se iluminavam
nas persianas
do absurdo geral
e do outro,
o inominado.

Porém o sonho
cai
com o pulso do líquen,
com o pulso do fêmur,
com o fagote do pulso,
com a ata do instinto,
com a porta da tâmara,
com o silício, a demência,
o arder no frio, o soluçar
de pés sob madeiras.

E tanto se ama
quanto se pode
ao vento
velejar.

Quanto ainda se chora,
se tropeça, se amadurece
num rochedo ao sol.

O universo é amor
e nós pastamos.

O amor é pasto, estábulo.
O amor, feno recolhido.
De braço a abraço.

Pastamos nossa consciência
de sermos verdes e humanos
e por pastarmos o tempo,
o tempo nos pasta ao longe.

De longe. Os braços tocam,
ao lado, o ombro do ar
e vamos caminhando,
o ar e eu e todos.
O dia está chegando
com os pássaros.
O dia é nosso invento
e somos inventados
por ele, quando há vento.

Ou quando há câmaras
câmaras câmaras.
A argamassa da dor
que carregamos.
A cada passo.
De perto.

As pegadas humanas
não se extinguem
no soalho ou na areia.

Onde passamos,
somos.

As câmaras as câmaras

e o universo.

XIII O musgo esconde
epígrafes ou nomes
mas as marcas
são laringes soprando.

Ai, as marcas, as marcas
nos arrastam
com auroras, países.

As marcas não cantam
e são aves
no teto da memória.

As marcas de estanho
da linguagem.
O iodo do caos
que as marcas cobrem.
A tatuagem dos mortos
na palavra.
Ai, as marcas são arcas
penduradas no dia.

As marcas nos arrastam
com tácitos cavalos,
para o açoite, o fogo.

As marcas nos arrastam
por negros corredores
e sem crescer na dor
em côvados de morte,
dela temos inveja
pois as partes de vida
nos renegam.

As marcas nos arrastam,
sonâmbulos das coisas
e como cruzar a nado
esta corrente de marcas,
este rio insalubre
pelo fio dos dias?

A coleira das marcas
ao pescoço,
a fieira de regras
percurtindo
no badalo
de marcas conjugadas.

Ai, as marcas nos olham
impassíveis
e por serem mais vivas
que outros vivos,
nas câmaras decidem.

Câmaras de suor e sangue frio,
câmaras de substância corrosiva,
câmaras de níquel e resina.

A sala do trono está em cima
das câmaras de pele e de soluço.

E a dor
nos mede sempre.

Câmaras de morte.

XIV   Somos poucos e atados
ao nó da tarde,
à pedra
de nossa condição
irremovível.

Vamos ombreá-la,
táteis, fraternos.

Vamos ombreá-la
no capote do impossível.

A pedra do tempo,
buscamos desvendá-la.
A pedra do regresso
sem nenhum intervalo
entre o braço e o trabalho.

A pedra punitiva
de calos e sílabas.
A pedra desarmada
que é o limite do nada
e por ter o finito,
é infinita na carga.

A pedra do humano,
tão íntima e aguda,
que não sendo mais homens,
ainda a suportamos.

XV   Somos poucos, América
e o mar nos fareja
no teu sangue
e gane, morde
o pêlo do horizonte.

América de ossos e cajado,
América de som e de salsugem.
América de infância
entre cacimbas.

Nossa mãe era América.
Com ela nomeávamos:
o cão, a namorada,
a funda de manhãs.

América de nuvens e camisas.

Nós te cavamos
o ódio, a tropa de metais.

Com o chifre do búfalo
marcamos o sol.

XVI   As câmaras, América,
nos trancam
te reprimem
com cordas de água
e de fuligem.

As câmaras de sal e sol:
a economia.

E saímos
de um poço a outro poço.
No fundo,
o animal da economia.

De um balde a outro.
De uma roda.
De uma escada a outra,
onde o mundo se isola.

De um tonel de ossos
a outro, de silêncio.

Tonel de mortos a outros
mortos, presos.
Tonel de combustão
e outro, de ondas.

A condição humana como um túnel
No fundo, o animal da economia.

Nós, de um susto.
De uma boca

a outra. De uma boca
a um pátio. A um retábulo.
A uma pátria.

Lucros e perdas
com o esqueleto da certeza.

Lucros e perdas
e nós, de um custo.
De uma consciência
a outra.

E o deus das câmaras de coma.
O deus cotidiano,
fecundo, infecundo.
De cânhamo.
O deus de penúria,
entre dilemas.

O deus de teu suborno,
incorruptível.
Subserviente, vendido, permutado.
Apesar de aprazível.

O deus do deus das câmaras
do inferno.
E do mercado.

XVII   Os círculos do inferno
nos filiaram
com câmaras e câmaras.

Na varanda, os comensais
pela venda respondendo,
como se fossem tábuas
de recente pavimento;
tábuas eram de palavras
e o demais, pedras de invento.

Os círculos de Deus
nos vão rodando
até onde houver Deus
ou nós passando.
E nós — cifras, válvulas,
caçambas.

Nosso amor se demorava
no tão puro, tão instinto
que era mar na cama larga
e o marulho indo e vindo.
Nossos corpos se aceitavam
sobre o linho de outro vinho.

Os círculos, amada, revoavam.
Os círculos e as chaves.

Nós, nas câmaras
de um comércio de somas
e capuzes.

Os números a prumo,
convenientes, respeitosos,
de joelhos.

Lucros, quantos!
A loteria do sono
perguntando.
Onde somos?

A liberdade
não se acha
nas câmaras.

Confundimos os vultos
quando andamos.

As almas e as siglas.
Compassadas.
Letras como lenha
nas sarças.

Encomendam
nosso tempo futuro.

Negociamos
sesmarias de minuto.
A usura das câmaras,
búzios, arcabuzes.

A usura das vendas.
E as câmaras do muro.
Contrafeitas.

As câmaras das câmaras
do lucro.

XVIII   Em surpresa
e dor, humanos,
tentamos subtrair
alguns segundos
da máquina
que extrema
em nos pungir.
A máquina
de um banimento
de alma.

Até o fim
os olhos,
a faringe,

Até o funil,
onde os mortos
se anunciam,
orantes, em decúbito.

Os mortos e nós.
Insubmissos.

XIX   Humanos,
por que suster os dias,
junto ao peito,
os impossíveis dias?

Toda penúria cai
sobre o que morre
e sobre o que se ergue,
nada cai.

Dos tombos, dos tomos
saímos desiguais.

Não suportamos as ruas
onde calamos a história
e a história sempre se cala.
As ruas, estágio
de falhas, fainas, memória.

Como vai longe o futuro.
A distância de um trem,
uma laranja, um lume,

XX   Lavamos as águas
e elas nos levam.
Lavamos as águas
de tanta morte.

Nós movemos as águas
e elas nos levam.

ARGAMASSA

O SÉCULO

1.   Caminhas
pelo gume dos pássaros.
És um deles.
Caminhas ou voas
no trilho de nuvens.
Tuas plumas ressoam
e o claro comboio
dos dias futuros.

Caminhas ou voas
em folhas e números.

Que herança nos soma
e é minha mão na tua?

Que largos andejos
nos refluem e chegam
na estação do sangue?

Caminhas ou voas.
Porém não te sigo
e sou muito estranho,
tão longe, longínquo,
que o tempo é teu ganho
e o único instinto.

Caminhas ou voas.
Meu filho e meu grito.

II Ninguém te sorve
o milagre
de persistir à tona.

Roçaste o vau,
a sombra.
E lhe rompeste
o lacre.

A tua estatura
é ser inumerável.

Onde é verdade:
voas.

AVE LIBERDADE

2. O que vemos como muro é sulco,
o que pássaro vemos, é dia.
Nenhuma fera progride no teu vinco
e nenhum vinco te agride, entre címbalos.

O que vemos como muro é lâmina,
o que ao sangue tiramos, rombo.
Nenhum anel de ombros, América.
Nenhuma caça te espera, lançada a seta.

O que vemos como muro é rumo
e o sumo do entardecer, povo.
O que vemos de gerânios, somos.
O mais, ataúde.

CICLO

3. O mundo recomeça
no quintal do ombro,
no convênio do ombro,
no pampa do ombro,
na janela do ombro,
nas calendas do ombro,
na porteira do ombro,
nos jorros do ombro,
na ombridade do ombro.

I. O POÇO

SITUAÇÃO

Quando nasci
fui posto
no fundo do poço
do calabouço.

Andei
e as pernas,
os braços
cresceram
no fundo
do poço
do calabouço.

Não sei
o comprimento,
a largura,
a expansão
dos movimentos
no fundo
do poço
do calabouço.

Vivia às tontas
e o que colhia
não me atingia
no fundo do poço
do calabouço.

Como amar este regime
de vivos e mortos,
amar o saldo de ossos
no poço do calabouço?

Um dia achei-me liberto
mas não voava
no poço.

A esperança molhada
com as asas.
A eternidade sumida.
A salvação.
A saída
fechada
no calabouço.

Então,
que fazer com as asas?
Ficam melhor empilhadas
no poço do calabouço.

Alguma luta se trava.
Algum ombro não se entrega.
Quando há um sopro de trégua
a vida ainda se guarda.

Espero.
Não vou render-me
na guerra
do poço do calabouço.
A resistência é de fera.
E feroz, a solidão.

Os olhos de minhas mãos,
os olhos de um outro rosto
sabem que vão transpor
o poço do calabouço.

Mesmo na explosão
ou no maior desconforto.

ASSÉDIO

Vivo nesta cidade
(que podia ser outra
ou nenhuma),

sitiado por infelicidades
que não explico ou decido.

Estranho e foragido
— sitiado pela origem dos tempos
ou da própria —
às vezes
não sei
por que vivo.

Mais fácil e cotidiano
seria descer
aos subterrâneos
do dia
ou guarnecer
as latitudes
de um condado.

No entanto,
vivo sitiado,
amado por precaução,
sustentado pelas razões
que desde o berço
teimam em me seguir.
Esqueci os amigos
e até o necrológio
possível.

Esqueci — porque sitiado
não pude crescer,
nem cresci.
Vivo lembrado
de ser somente "sitiado".

Depois me dizem: "Bem-nascido",
com qualidades de regular
os passos do mar.
Depois me falam: "Cidadão
de alto equilíbrio",
se os extremos
revelam vertigem.

Contei os dias
no meu corpo,
dorso a dorso;
contei as horas

pelo sol
ou no pulso da chuva.

Não me falem. Sitiado
perdi as palavras
com os óculos e o relógio.
O ódio também perdi
e era seguro, enorme,
com o talhe
que eu quis.

Vivo nesta cidade
em estado de sítio
com permissão escrita
de sofrer.

DISPOSIÇÕES GERAIS

A primeira lei é o medo,
que é maior
se vem mais cedo.

A segunda lei é o espanto,
que só desova na cova.

A terceira lei oprime,
mas não se conhece o nome.

A quarta lei é a do ódio,
que se exaure quando morde.

As demais
sobrevivem
com as virtudes
teologais.
Visíveis, invisíveis,
o emprego das faculdades
se consagra no calar.

E por que não,
se a fome
de atar palavras
engoliu-as na saliva
e as fez escravas?

MORA JUDICIAL

Demorou o processo
no armário do século.

Nenhum juiz sentenciava
esta causa
de perdas civis.

Aos poucos
o fogo do feito
extinguiu-se:
os interesses
mudaram os fechos,
as trancas da porta.
Mudaram
de casa e de horta.

Uma ninhada de codornizes
se alojou no processo
entre boninas e raízes.

Na justiça
só a flor do tempo
vinga.
Não há migrações de pássaros,
apesar de serem terras arrendadas
ao céu, ao sol, à chuva.

E o homem
obtém do litígio
a derrubada de árvores.
Nunca
a derrubada do mal
— sua guerra púnica.

CONDIÇÃO

Que homem sou,
se desde o acordar
uma culpa flamejante
me guarda?

Não resolve indagar
no tribunal da boa hora
ou da aurora.

Que homem sou,
se continua a reclusão
fora da cela,
se apenado permaneço
além da pena

e não sei quando termina
em suas radiações, irradiações, resinas?

Serei então
ficha
de idéias infinitas,
relâmpago de abraços,
sistemas?

Liberdade,
indiviso pensamento,
regedor de uma pátria
que não vejo,
mas sinto
por instinto
onde ela arde
e é coragem.
Uma culpa flamejante
me separa de mim.
Veleiro dos instantes,
por acaso fugi
do que perdi?

Uma culpa flamejante
e eu infuso
nos pontos cardeais,
consoante ações e usos.

Que homem sou?

ORÁCULO

Sobeja o mal
ao mal.
Deuses — não outros —
predispõem a morte.
E nela ponho
o meu sinal
ou aval.

Dos deuses
sou eu próprio
castigado.
E firme aguardo.
Bom ou ruim,
o fardo
é meu. Os dias

são os meus
e as noites côncavas.

Não venho discutir
o que me vem.
Sofro e combato.
O mais,
serve de saldo.

II. INVENTOS DO MEDO

RUMINAÇÃO

O medo rói.

Rói a morte,
corrói
na entrada,
no suporte
da liberdade.

Os princípios
roem
a si
mesmos,
a esmo.

Nós, humanos,
nos tornamos
animais roedores.
Até o ar
é roedor.

Nossa esperança:
que a pena
seja também roída.
E os despojos
que a vestem.
E o fratricida.

PÉRIPLO

Voltei ao quarto círculo.
A propriedade do ar
não se retrai.
O circulo de fogo

difundia
a voltagem do dia.
Voltei voltei voltei
e armazenava
tão pesada fadiga
que em redor deste reino
eram sobras de vida
o meu terreno.

Por que gastar
se nada mais retorna
a seu começo?
Por que guardar,
se o universo
não tem preço
e tudo é lugar?

Por demasiado,
agarrei da sorte
o terno puído.
E carreguei almas
no meu barco,
andando
no mundo
em desembarque.
Voltei voltei
e quando despertara
estava morto,
com cinzas
no rosto
de meu rosto.

FLUIDEZ

Evolar-me é princípio
de geração e rumo.
Nos evolamos com as aves.
O ar e as estações,
sem ter o fio de prumo
que nos nivela ao chão.
Um pensamento acode
de não poder partir
com o que nos foge.

Coabitamos a cidade,
o pólen, as suas guelras,
as suas guerras. Coabitamos

mas ela nos desabita.
O amor ficou sem verdade,
sem orla. Se evola a tarde,
as coisas em surda grita
se evolam. A eternidade,
varal de horas,
se evola. Infinita
é a percepção do universo,
que a vida em nós
só transita.

Vivemos sob vigias
imponderáveis que podem
evolar-nos. Se dissolvem
os ódios. Vou gastá-los.
Os ódios se queimaram
nos velórios. Vou gastá-los
com as moedas e os hobbies.
Coabitamos. Nudezas
se compõem por entre
nossos afluentes.
Quem nos interrompe
a dizer que apenas
nos evaporamos?
Meses e semanas
neste amor combinam,
mudam radiogramas,
a versão de crimes

Quando despertamos,
ficamos sublimes.
E nos evolamos.

ALGEMAS

Clandestinos
os mortos e eu,
vigiados por toda parte,
nenhuma flor nos aparta.
Nenhuma pálpebra.

Cada vez mais
caminho
para a pátria.
Cada vez mais
o atalho.
Deus é a falta,

o que vinga
no sarro.

Vizinhos do existente,
nosso parentesco
é com o silêncio.

II Nenhuma rua é vedada.
Nos vigiam sempre.

Nenhuma área de alarma.
Nos vigiam sempre.

Arma nenhuma assestada.
Nos vigiam sempre.

Eis a vida sitiada
pelos quatro ventos.
Eis a vida trancada
por chaves que não vejo.

Nos vigiam sempre
com a casa arrumada
e o pressentimento.
Invisíveis guardas
velam nosso beijo.

Nos vigiam sempre
e a nossa virtude
é viver ao menos.

Vivi como pude.
Vivi de somenos.
Mas vivi — eis tudo.

EQÜIDADE

Levanto-me
e o mundo conturbado,
alheio
em seu condado.

Não consigo
equilibrá-lo
no circo,
ao lombo
de cavalos.

88 ■ A IDADE DA NOITE – POESIA I

Equilibro-me, sim,
entre varetas
e tramas,
cercas
que rondam
os sonhos.

Equilibro-me
com doses de andorinha,
flor e agouro.
Fragmentos
de vergonha
e banimento.

Equilibro o dia
na nuca,
sem parceria.

Equilibro
minha morte futura
nas estações,
em camadas superpostas,
montagem de grotas.
O ar
na laje do acontecimento.

O ar é o mesmo
em que Adão
se enrolou
aos pés da culpa.

Mudaram as soluções,
os semblantes, os castigos.
Mudaram as teses
de equilíbrio,
as dúvidas
(se bem que apenas
de túnica).

II Não queiram esfriar
a inteligência do universo
senão a alma estoura
por ficar adstrita
à sua fadiga,
por não poder sair

pelos escaleres
da razão
a um lugar qualquer
com grama, árvores,
proporção.

Levanto-me.

III   De lado meu pensamento.
Restará ele vertendo
como um cântaro quebrado.
De lado.

Ao sol: os centos,
as suas árias,
e seus comentos,
que à palha
queima.

Eu seco ardendo.
E os vasos capilares.
As ruínas do anfiteatro.
A memória do ar,
armário
de livros e armas.

E se desenrolando, desdobrando
além da cal do juízo universal
o ar do homem justo, expiado,
ardendo
em todos os ares dos ares seculares.

BEM–AVENTURANÇAS   Bem-aventurados os pássaros,
as nuvens, as madrugadas.

Bem-aventurados são os pássaros.
Para eles
todos os dias
são todos os dias.
Reais, antigos, tutelares.

Nós, coitados,
não sabemos
que fazer deles.

Queremos os dias
limpos, arrumados
com cadeiras.

Felizes os pássaros.
O mar é um animal feliz
e as coisas imaginadas
ali existem.

Bem-aventurados são os pássaros:
não pensam em liberdade
porque voam nela
sem idade.
Nós, coitados,
nem sabemos
que fazer dela.

A nós, o cisco,
o mar baixo.
Arriadas velas,
as ações com elas,
os pensamentos arriados.

Jamais o ir adiante
até onde
a resistência manda
que se ande,
até onde
perca seu comando
e vá seguindo
quando
for chegando.

Bem-aventurados os pássaros!

FRUIÇÃO

Haverá lugar ao amor
nesta cidade sitiada,
lugar haverá ao amor,
algum recanto de estrada,
lugar haverá ao amor?

Percorro ruas
e quantas
— que me percorrem:
demanda,

inquisição
ou permuta.

Onde estão meus semelhantes?
As criaturas
que o instante
colocou
ao nosso alcance?

Ninguém me aborda.
Preciso falar aos mortos,
que os vivos andam sem rota.

Sim, as palavras entraram
para o interior
das gargantas.

Calar é norma.
Vigora
nas oficinas,
na indústria.
Calar por fora,
que ao menos
lá dentro
as palavras
contêm aroma,
verdor.
No paladar
nós gozamos
o seu suborno.
Quase pudor
entre os dentes.

Onde estão
meus semelhantes,
que eu os amei
muito antes
de usar palavras:
no caule do vento
ou desta linguagem.
Já no corredor
da infância
ou preexistente
a seu balde
mergulhado
no repouso.

Lugar haverá ao amor?

Nenhum território peço
— que o mundo é largo.
Nenhum quarto de aluguel;
nenhuma exata morada.
Apenas o que couber
em nossa quadra de sina
ou no dízimo da safra.

O território de uma jornada.

FEIRA

Sabes
por que as aves
pousaram-lhe aos ombros?

Eram, são viagens
suspensas no muro
de sua vontade.

Sabes
por que as aves
são seu próprio invento
e nelas voando
vão-se desdobrando
asa e pensamento?

Imigramos, ávidos,
para um outro tempo,
homens vigiados
no homem
e o que nele rende.
Comprado
por lances pequenos,
cabe-lhe a pesagem
na feira dos meses.

Sabes
por que as aves
não lhe têm receio?

O universo voa,
as chuvas, o medo.
O universo voa
por serem tão longas
as crinas do verso.

Imigramos, ávidos,
de etapa em etapa,
por entre metáforas.

Só a razão, gangorra,
não voa.

FREQÜÊNCIA

Os dias passam ásperos.
Por vezes,
não sei somá-los.

Alguns deles resvalam
pela gola do casaco
ou escorregam
pelo zinco dos telhados.

Alguns não ocupei:
ficaram nulos
sem ninguém
a preenchê-los.
Noutros andei jantando,
almoçando, dormindo.
Em poucos, morri
e neles desloquei
o amor, o sonho,
o julgamento, o cio.

Ao trabalho dediquei
tamanho intento,
tamanha dispersão
que, mesmo sem saber,
foi-se movendo
aro, corda, pião.

Os dias
são caminhos ou rodízios.
Salas de solidão.
E neles vingo
o que as coisas
não são.

Há deveres de oficio.
Entre os nossos
reclamos,
nos espiam.

E os dias
que nos dão,
não nos redimem.

SINE DIE

Protelarei tudo:
os pagamentos, os anos.
A menos para viver.
Braços de menos.

Podemos reformular
alguns minutos,
cálculos,
empreendimentos.
O arsenal do evento.

Podemos
romper paredes,
muros de pejo.

Mas protelarei tudo:
a queda
do mesmo peso,
o ganho
de meu dinheiro,
os recursos.

Que o reino,
por mais convulso,
se destrói,
perdido o uso.

RASANTE

Jogados
no alpendre de existir,
podemos acaso gritar,
escandir o canto ao sol
de nossas sensações,
dizer que vivemos
embora tudo transija?

Jogados
na inseparável
habitação das coisas,
neste rastejar
entre vegetações e almas,

onde o imortal de nós,
se tudo morre
e ao expirar
soluça?

Na pele do silêncio,
poroso e denso,
cogitamos a metafísica,
qual descida
para fora de nossas mãos,
gestos, contornos,
descida
aos corredores da tarde.

Inquirimos ainda
a nossa vinda
e a ida.
Inquirimos
a validade
das doutrinas
numa tina,
ao calor de aspirações
sublimes
ou de algum regime.

Carregamos
a imortalidade
como a um caixão.
O préstito é nosso.
Carregamos a origem
e a ignoramos
nas roupas e botões.

Entupimos
o pensamento
com a mania de pensar.
E a vida
com os trastes
e a pressa
subtraída.

Engaiolamos
o sono,
as iras.
Somos
O vôo rasante
do que termina.

III. LADO A LADO

PERCURSO

A dor e seu plantel
de abelhas surdas.
Regimento de pranto
junto ao peito,
reprimido de ondas
e de cordas.

A dor se faz elástica,
com gosto sempre avaro.
Tento despedaçá-la:
testa de verões
florindo em mim.

Teu o reino, dor;
meu, o solilóquio.
Creso de uma noite
registrada
na palavra,
jamais me acomodei
entre os teus ócios.

II   O silo da intempérie
não tem nome.
Seqüestrada a dor,
não faz refém.
A liberdade, sim.
E às vezes quer morrer.

III Quem viaja
sem passaporte?

Quem viaja
nos vagões do possível
e chega, parte
por toda parte?

Os passageiros
só se reconhecem
nas estações.
Unânimes.

Ao termo, quando a dor é ela mesma,
sem intérpretes, cenas.
Quando a dor é irrespirável
e a lava é a continuação da lava.

Passageiros na dor, sobrevivemos.
Sobremorremos.
Abolido reino.

ALUGUEL

Quero locar
minha ambição
aos loucos.
O real
é contraponto.

Quero locar
os braços
para o dia
a fim de conjugar
a romaria.

Ao meu vizinho
de serviço,
locarei os meus ouvidos.

Quero locar o sonho
e os velhos móveis,
o verso, o paletó,
os semoventes.

Transferirei impostos,
taxas de água
ao novo morador.

Locarei também o espelho
porque se tornou alheio.

A contento,
uma junta de bois
arrasta o tempo.

Mas não transferirei de mim
a dor geral.
Dela não saio,
nem pretendo clemência.

PUIMENTO

As coisas humanas
gastam, gastam.

Qualquer apelação
ficou banida.
Banidos os sinônimos,
os ânimos.

O universo é pesado
de corolários.
De todos eles
não resolvo por nenhum.
Em todos eles
há uma suspeição
de concordata.

Carecemos de tudo,
desde o ar, o hálito.
Roemos ambições
com nossas unhas.
Queremos resistir
e as coisas gastam.

Duramos nos gastando.
Anônimos.

Saberão acaso o nome
de quem amamos tanto
que se gastou conosco?

DECISÃO DIÁRIA

Lá vai tempo
entre mim e o acontecimento.

Tantas vezes o levei nas costas,
rolo de cordas.
Tantas vezes o juntei na calçada
como quem vai e volta.

Desligava esta dor coletiva,
a revolta.
Desligava a suspeita remota
de quem entra na vida.
Hoje, atados aos rins,
ninguém solta
o princípio dos fins.

Abonei a desgraça
porque vasta
era a dívida;
que se reduza
a sua liberdade vigiada
e a nossa
antes que o acontecimento
se levante,
bolo de horas
que sopramos.

E torne à escola, à faculdade,
ao tribunal de alçada.

E fique à espera
do que apartar
vivos e mortos.

Tantas vezes o acontecimento
me respirava
como a ventosa de um peixe
ou me perseguia
com os dentes no dia.

E eu lutava.
É bem verdade
que não fui feito
para render-me
de entrada.

Lá vai tempo.

ESPELHO

Imune ou solidário,
não cerro meu poema
com persianas
e horários.

O homem se reconhece
mesmo sem identidade.
Também se conhece o jugo
apesar de seu disfarce,
as idades, os escudos,
as armaduras de sangue.

O homem se reconhece
na escuridão, sem assunto:

pode ser encontro breve
quando as estrelas avultam,
pode ser para o soluço,
pode ser para um assunto
de pistolas e defuntos.

Sobretudo nos tropeços,
o homem se reconhece.

PARCERIA

Dor geral,
donde fluis
a reunir
madeira, seixos,
luta?

Por que
não te interrompes
na república?

Há muito compreendi
quanto eras avulsa.
Há muito compreendi
por ter perdido bens,
números, sinais.
A argila da família.

Vislumbrei
teu rosto coletivo
na rua,
no edifício de seguros.

E vi
que tua língua natal
tornava-se sutil,
a pronúncia
caía nos caminhos.

Insone me seguiste
ao quarto de dormir,
O mesmo leito
partilhamos.
Aos poucos
me tiravas
o proveito, o soldo.

Dor geral,
território soberano.

CAMARADAGEM

Ao lado estou
da dor.
Impreterível.
A dor e seu combate
é meu recibo.
Restituir para a vida
o que é devido
sem o dote
de ser absorvido.

Lado a lado
na dor.
Quem a concebe
no monte de feno
ou entre as sebes,
cinza lenta no coração,
hora única
junto ao mar
ou no campo,
hora geral
quando a lágrima
for árvore, sino,
viagem?

Lado a lado
na dor.
A passos largos
ou tardos.

QUINHÃO

Sem ações na Bolsa
ou na paciência,
acostumei-me à liberdade
com provisão de água.
E, de mau grado,
à liberdade em fatias,
bem dosada.

Vivo
e agradeço ao dia
o que ganhei, de ouvido.
A moradia
de viver, mesmo aos bocados

sem esquadro a calcular
o sofrimento e o fardo.

Não empresto
da liberdade
a quota que me cabe.
Nem a vendo
a varejo
ou atacado.

Quero-a maior,
senhora do que sou
para servi-la.

E nem ela adivinha
quanto é minha.

PÁTRIA

Dor, eu te habitei
— segmento a segmento —
e transpus teus domínios
para encontrar a pátria,
sua colinas,
a forma de meu tempo.

Para tanto
provei
teus hectares de saliva,
vaguei dólares de ar
e de madeira.
Para tanto
adernei meu canto
e confinei o sol
na noite fria.

Para tanto
lavei na fonte
o pranto
e o gravei no monte
sem nenhuma palavra
— que elas
voaram longe.

Dor, dá-me notícias
da pátria!

As árvores, o sol
possuem sua pátria.

A mesa lembra a pátria.
A chuva na varanda
nos acorda
o hálito da pátria.
A matéria que a molda,
áspera e madura,
sem derrota.

Quando os anos baterem
com seus relhos
nos reclamos e haveres,
coisas nos sobrevivem.
Os mortos, por exemplo.
Dor, onde
a pátria deles?

Cavada, mais se enterra,
mais se gasta
essa notícia,
a extinguir-se no vão
como semente,
a construir sua lei
e seus pertences.

Não tem frente
ou polícia.
Apenas afluentes,
acidentes, visitas.

Dor, que notícias
se os trens partiram,
as mãos colheram mãos,
viraram pás de moinho?

O calendário é a pátria.
A mínima data.
As horas se entrecruzam
com seus pêssegos e fusos
junto à pátria.

Cada objeto
da casa
leva a pátria
nas abas.

RESTRIÇÕES

Uma parte de minha liberdade
bicada pelos pássaros,
e outra, na vidraça,
foi levada pela chuva.
Alguma parte dela
abandonei na rua
e outra o amor a consumiu
fazendo sua.

Outra o Estado a sorveu,
gota por gota,
por ser eu cidadão
tendo em conta leis,
pendões, brasões.
E o mais não sei.

Alguma réstia dela, alguma grei
dei aos pobres
por modéstia cristã,
que eles mastigarão
os ossos da solidão.
E outra esqueci entre as páginas
de um livro
com as borboletas de arquivo.

Que me fica da liberdade?
Como vou defendê-la em mim
se nenhum bocado me respira
ou busca cidadela na colina?

Defenderei então
a possibilidade,
as verbenas
que no seu lugar nascem
ou, quem sabe,
terei a humildade
para recolhê-la
de colmeia em colmeia.

Defenderei
alguma sobra dela,
a memória,
a vestidura,
a sela.
Defenderei os corolários,
o teorema de Pitágoras,

qualquer idéia
que a faça retornar,
embora velha.

Para ela
sempre haverá espera,
arreios e bala.

AVALIAÇÃO

Amo esta terra.
A ela me apeguei
com a luz e a pele.
Com o ar
que respirei.

Um patrimônio de chão
transborda
o rosto
de fé e ervas.

Aqui me registrei
nos vencimentos
que me dão
as estações.

Meses, semanas
viajaram comigo
junto ao cinto
de meu espanto
antigo.

Amo esta terra
e sei compartilhá-la
no conselho dos dias.

Amo a trilha
do sol e cada estria.

Passam em mim
gerações
e nem sempre
rejubilam.
Chiam rodas
na roda
de uma sina
estranha à minha.

Se o feito
é dos agravados
e a lei vige
de empreitada
— amo esta terra.

A condição humana
se ergue com ela.
Metros de solidão:
amo esta terra.

ALENTO

Esperei domar as coisas,
esperei mudar,
esperei dobrar as coisas
para fazê-las cantar.

A detenção é a mesma
com suspensão da pena
ou sem ela. O prisioneiro
conhece passo a passo
os claros, os poentes,
os escuros, os dias
que furaram
seus sapatos.

Liberdade vigiada é o nosso nome.
O título de herança.
As arrobas de morte
no esboço
que somos.

Contudo, ainda quis
sustar os símbolos,
unir os silenciosos,
pôr aos ombros
o feixe de soluços,
pois a vida
só será restituída
no repuxo,
quando a corrente densa
nos confunde.

CORTEJO

Abram alas
que a vida vem chegando.

O coração é andejo.
Chega a vida
mas não chego.

De todos os meus empregos
a este coube melhor preço.
Abram alas
que não sei
o que mereço.

Talvez um porte de arma.
Uma licença de preso.
Ir pela tarde sem tarde,
a carabina no peito.

Ir pelo curso das coisas
conhecendo bem o reino.
Servir de ponte ou de lousa.
O coração é andejo.

Quando cessa,
abre asas
no silêncio.

ÓBOLO

As noites custam
a correr.
Alta a quantia
que solvemos,
dia a dia.

Quem pode compreender
o custo de morrer
vivendo na alforria?

Os dias custam
a correr.
E o que compramos,
devolvemos
ao verdadeiro dono.
Devolvemos,
morrendo,
o último dinheiro.

ROTA

Aonde vão
as rodas do chão,

as estritas rodas
da memória?

Em sítio a alma,
os ímpetos.
Numa sala com livros
a inquietação,
os vínculos.
O universo é um acesso
de loucura;
Deus, sua criatura
mais simples.

Dividi os pensamentos
em compartimentos.
Num, acomodei a espera;
noutro, o evento.
Todos os documentos
— o de renascer, sonhar —
confiscaram
na porta do ar.

A vida me permite
apenas respirar
e sem muito ruído,
que tudo está fluindo.

II   De noite, de dia,
quem maneja a sina
de nossa agonia?
No portal do sono,
nos epitalâmios,
nossa sorte é escrita
sem nenhuma tinta;
há uma sentença
que ninguém assina;
se alguém nos condena
não se sabe à pena.

Nas sacadas do ar
o mundo se refaz.

E ainda indagamos.

III   Aonde vão
as rodas do chão,
as estritas rodas
da memória?

Vazamos os olhos
com tanta pergunta.
Vazamos os passos,
vazamos as culpas.

A esfinge é diversa;
o que em nós regressa
vem do calabouço,
e é preciso o intuito
de varar o fundo
com mãos, instrumentos,
solidão, inventos.

Cavamos o muito
para achar o pouco,
o solto, o difuso,
o que se fez morto
por falta de uso.

Ali seguirão
as rodas do chão,
as estritas rodas
da memória.

CARREGAMENTO

Levo esta vida
ou esta morte
sem cobrar frete
ou transporte.

Levo-as
misturadas
na mesma carga.
E de tal sorte,
que tudo se faz suporte
de sua presença.

SUCESSÃO

A hora da morte
não tem hora
mas os homens concisos

marcam horas
ao dia, à noite,
ao sonho.

Marcam horas de amor.
Ou engodo.
E nos trilhos de medo
descem corvos, trens,
velocidades, segredos.

A hora da morte
não tem hora
mas demoras e veios.
Seus comboios
estão
sempre mais cheios
e tênue a liberdade
aos passageiros.

Tênue o fio das estações,
dos meses.
Tênue, o universo
aos tombos
colhe a morte.

Aos tombos
redemoinha
andorinhas e pombos.
O universo é uma espora
no flanco das horas.

E a morte não tem horas.
É feita de lâminas, plumas,
canetas, livros, insígnias.

A morte
é feita de mortes sucessivas.

LITANIA

Liberdade,
sem genealogia,
sempre renasces.

Atada às raízes
de tua sorte
e a outras raízes

que te matam,
sempre renasces.

Violada no cárcere,
mendiga, mensalista
aposentada,
sempre renasces.

Agregada ao solo,
tripartida, concebida
em pecado original,
com mortos a subir
tuas ladeiras,
com mortos a descer
em tuas pontas,
sempre renasces.

Padecerás
a unânime agonia,
ascenderás ao céu
de corpo e alma,
sempre renasces.

Nós te geramos.

EVOCAÇÃO

Bois brancos, bois brancos,
nosso contentamento
está convosco
e o ânimo ao trabalho
sem descanso.

Arrastamos o dia e sua relha.
Seguimos juntos
o que a luz transmuda.
Trabalhamos
e a terra nos trabalha.
Somos campo em rodízio.
A liberdade, o trigo.

Bois brancos, bois brancos,
que acontecimentos
transportais nos lombos?
Calendários, semanas
e perigos?

Que manhãs e chuvas,
passarinhos
na pele dos caminhos?

Levai-me convosco
às divisas da sorte,
vivo, morto.

ARÍETE

O amor há de se armar.
E as têmporas, o andar.
A dor vai desaguar
em outra dor maior.

Os amantes vagaram
no ofício de amar.
Portavam solidões
às costas e se foram.
As lanças, as cotas
vagaram
sem dono.

O amor há de se armar,
há de se armar o fôlego
e a dor. Os velocímetros,
os fuzis, o arcabuz
e os infernais poderes
de uma consciência móvel
no universo.

O que sinto:
é que o tempo
não me sente
pretendendo parir
sem ter semente.

O que sinto:
é não pegar
a liberdade
pelo trinco da porta
ou pelo vinco
das roupas.

Desertor não sou
— este é o meu movimento
e em ti, liberdade,
caminho.

O POÇO DO CALABOUÇO ■ 113

Este é o meu século
e a loucura
a comer ervas
e símbolos.

Não sei se à tua beira
ou à minha,
a liberdade se estabelece.
Carreguei suas fronteiras
e as confundi com as minhas.
Não nego. Desde sempre a amei,
embora cego;
nela divisava traços
de algum amigo, parente,
e os contornos da amada.

Fumegante liberdade,
vento vento ventoria.

Aqui o universo é meu lacaio.
Lá fora, não.

Liberdade
— sem genealogia —
exposta na praça.

CONVOCAÇÃO

Já não enterrarão
mais estes mortos
cuja pátria
é a liberdade.
Tangíveis
como a morte
junto ao corpo,
a morte
que está morta
combatendo
e sai
do jorro de ossos
que a reteve
em rendas e comendas,
repetida,
e sonda
as coisas todas
que a farejam
tão dóceis, complacentes.

II   Junto à pá da cova,
os mortos esqueceram
o arado, a família,
as subterrâneas ilhas
entre as arcas e traças;
esqueceram a herança.

Perdidos os botões
de sua roupa fechada,
esqueceram
a pedra de lamento
sobre o tempo
e outro tempo teceram
com paciência, fadiga
e o rosto da amada,
para terem em si
o rosto dessa pátria.

Um dia foram levados
por uma roda de ar e fado,
roda convulsa, tear
que nunca pode parar.

Foram puxados, atados
numa carreta de bois.

III   Que será dos vivos
sem os mortos,
do horizonte
sem a fronte do mar?

É preciso a junção,
este comércio.
E tudo seja
excesso
porque vivos e mortos
se entrelaçam.

Vertebrada, a luta,
breve, o espaço
de que ela se sustenta.

IV   Retornam os mortos
convocados

por telégrafo,
ondas magnéticas,
espaços estelares
e outros tantos
conciliados
num animal relâmpago.

Experientes da sombra,
das raízes, do sono vegetal
e sem quietude,
a terra conheceram
nos seus vários extremos.

O amor neles cravou-se
com sua flama,
a todos consumiu,
a todos recompôs
no justo esforço
de a um sopro
libertar-se,
sem vertigens,
do reino desumano
que se extingue.

Convocados retornam.

v   Tanto amor
não se funda
por acaso
como quem lança
uma gaivota
na manhã
ou na tarde.

Não cabe
nalguma pasta
ou estojo de armas.

Muito menos
na mala
de caixeiro-viajante
com poemas e calças,
cada instante.

Tanto amor:
despojar-se.

VI Há um tempo
em que vivos e mortos
se contemplam.

Não falam.
Como espelhos
se revelam
no unânime
reduto.

São falanges
de um e outro lado.
Vivos e mortos.

E os rostos
se conjugam
num só músculo.

VII Estes mortos
cresceram
largamente
sob a erva.
E o tamanho deles
não se enterra.

Pode o tempo
gastar-se,
pode o homem
roer suas lembranças
e gastar-se,
ou ter a duração
de alguma árvore.
E o tamanho deles
não se enterra.
Uma forma de vento
se tornaram.

Agora navegáveis.
Levíssimos,
as coisas obedecem
ao mínimo fluir;
sobem e descem
à deriva das marés.
A alma, muitas vezes,
despediu-se dos corpos.

Saiu para caçar ou recolher
a idade do homem no ar
e o que nasceu de amar.

Estes mortos
terão uma memória
particular dos fatos,
diferente da existente.
Que a memória diária
que levamos
é um sapato de água,
escória de símbolos,
alguma data,
a epígrafe de um túmulo
que vimos de passagem.

Já não enterrarão
mais estes mortos.
A pátria se alça
pela mira dos séculos.

IV. SAÍDA

ELEGIA

Liberdade,
sem ti nada mais sei.

Compreendi o mundo
em ti, sutil
compêndio.

Amei muito antes
de me amares,
entre surtos e sulcos.

Amei
e só a morte
de perder-te
me faz viver
multiplicando
auroras, meses.

E sou tão doido
que o risco inútil

percorri
de me perder, perdendo-te,
perdido em mim.

COESÃO

Há um povo comigo.
O nome
não distingo.

Que importa?
Redoma de rosas
no jazigo
ou, quem sabe,
garrafa de metáforas.

Não distingo
seu ouvido do meu
e seu sentido
é uma cancela aberta
onde prossigo
até o campo,
o pátio,
a casa,
as figueiras ao fundo.

Há um povo comigo
— as enxadas
vão abrindo
os contornos do dia,
a rebentar
o ar
como uma flor.

As mãos irão bater
na porta
do que for.

Não desisto.
Sei que as pedras ferem
e o amor não se explica.

Nas armas da solidão
há um povo comigo.
Com ele aprendi
onde os pés
alcançam por si.

Há um povo comigo:
o mar de vigia e sobressalto.
Em colunas
referve a sua sede
e se arremessa.

Há um povo comigo.
Nascemos juntos?
Cavou o solo,
o sol,
plantou seus filhos,
as vinhas
e o silêncio.
Suportou o exílio.

Morte monte
há um povo comigo.
Amoldou-se
a meu rosto
e eu a ele,
farinha.

Rente ao chão
há um povo comigo.
Na opressão
os ossos entre as águas,
na opressão
palavras são estátuas
e os animais
nos olham
sem palavra.

Há ferrugem
nos pregos,
na madeira de chuva,
nos retratos.

A ferrugem invade
os conceitos
e andorinhas
em pouso.
A dor se ergue
na casca do medo.

Mas não desisto desses passos comigo.

A alma
com trevas desinflando,
inflando.

Toda matéria
cai, o vento cai,
a língua
contamina-se de cal
e cai. Apanhamos
os frutos e eles caem.

Mas não desisto desses passos comigo.

Planuras, mares
coexistem
e sua população,
número errante
escavado no sangue.

Há um povo comigo,
de claro convívio.
Milênios são gaivotas.
Voam revoam
o coração do homem.

ALFORRIA

Pássaros somos
sem menor retorno.
Depois as asas doem
e as folhas tombam.

Aos poucos
vou comprando
a liberdade.

Os sapatos doem,
as roupas doem,
a morte
não tem, dor,
doendo em nós.

Aos poucos
vou comprando
a liberdade.

De chofre
nada nasce.

A vigilância
cobre nosso sono
com gaiolas e tômbolas.

E o comércio
do sonho
se dissolve.

Aos poucos
vou comprando
a eternidade.

VATICÍNIO

A liberdade era coisa tão viva se formando
que me perdi no sim e no até quando.
E me foi revolvendo como em brasas.
Não roçavam no quase as minhas asas.
O que era monte
fez-se escada. E tudo se encadeava,
barco e remo.

A liberdade era coisa terrível se amoldando
aos indícios de culpa. Seu comando
se adonava do meu: luz me arrastando.

Repesei os meandros, as gavetas
de meu tão curto dia. A liberdade
traçava suas linhas;
eu, as minhas.

Nem o tempo
me deram
para emendar razões,
no meu caderno.

FLUVIAL

O povo é um rio — me acompanha,
o que é seu não se abdica;
o que é do amor se destrama,
morte pequena é infinita.

Dele é o meu dia. A estranha
mutação que faz a vida
rosto a rosto. E a noite banha
como trincheira ou saída.

O povo é um rio — me acompanha
por avenidas e horas
com liberdade tamanha

que, secando, sempre jorra
em sua pedra de insânia.
Tudo se perde ou se ganha.

PERCUSSÃO

Tempo tempo minha amada,
pontaria de espingarda,
ponte de árvores, espádua
descoberta. Liberdade.

Tempo que canta em mim
e vou cantando
com guitarras e pêndulos,
camisa
apertada no peito,
contorção
de cinturas e meses e países.

Entra no meu sangue e nele bato,
dardo;
e é, palmo a palmo,
conquistado.

Tempo com sapatos lustrados
e sapatos viajando nas águas;
pés descalços
sobre a areia inexplorada.

Liberdade.

Tempo tempo minha amada,
Levo-a junto, de mãos dadas
pelas ruas, sobre as casas.

Liberdade.

Tenho-a junto, arfante e arqueada
contra o meu corpo de espada.

Liberdade:
tempo de tudo
ou nada.

O SELO DOS DIAS

Dias virão, dias virão
a golpes secos
de potros
no chão.

Não sei se já nasceram,
não sei onde se encontram
os dias
que amo tanto.

(No cano de um fuzil
ou no cano do espanto.)

Dias virão virão,
lobos de aragem
e a todos morderão
com sua liberdade.

Que pássaros
se aplumam
nas penas destes pássaros?

Serão dias saltando
aos ombros
de outros ombros,
até onde houver ombros
irão dias brotando.

DERRUBADA

Derrubar as pedras, hastes,
chaves
de redoma.

Derrubar os símbolos
— um a um —
se for
precisão do evento
e de cada irmão.

Derrubar o reino
se não cumpre o fio
de severa linha.

De severa sorte,
corda
que se aninha

onde for mais forte
a pressão e o choque.

Derrubar a morte,
golpe a golpe.

II   Não temos outra bandeira.
Se frágeis as mãos,
se rompam;
débeis os pés
mas prossigam.

O jugo torna-se pomba,
e o tempo, a gaiola inteira;
em pluma, o ferro das jaulas
e falas.

O mundo se faz cavalo;
nele somos
cavaleiros.

Só a loucura nos salva
onde a razão lança as redes.
A loucura é que deflagra
o tempo que se pretende.

Não temos outra bandeira
senão subir para a vida.

III   Já estão desimpedidas
as bordas do calabouço.

O dia é fora.
as estrelas.

O ar é um campo
lá fora.

A aurora
não pesa tanto
lá fora.

Juntos lutamos
e juntos

ascendemos
num só remo,
num movimento de corpo
que leva a alma conosco.

Não temos outra bandeira
senão rodar para fora
da roda do calabouço,
da roda funda do poço
que a liberdade prendia.

Não temos outro comando
senão subir para o dia.

Mis arreos son las armas,
mi descanso el pelear.

MIGUEL DE CERVANTES, *Don Quijote.*

ASSENTADA

Chega a esta casa
sem prazo ou contrato.
Faze de pousada
as salas e quartos.
Os nossos arreios
ninguém os desata
com ódio e receios.

O tempo não sobe
nas suas paredes:
secou como um frio
nos beirais da sede;
calou-se nos mapas,
na plácida aurora,
nos pensos retratos.

Entra nesta casa
que é tua e de todos,
há muito deixada
aberta aos assombros.

Entra nesta casa
tão vasta que é o mundo,
pequena aos enganos,
perdida, encontrada.
Os dias, os anos
são palmos de nada.

PROGENITURA

Uma data, um rebate
de avanço: criatura, rasura
com seu burel de espanto.

Criatura sem sol ou chuva,
há tanto esperada, regrada,
criatura ou nada.

Nasceste ao desaprumo
de alegorias muitas.
Nasceste como as frutas
na estação mais curta.
Luva na mesa, soco,
alto o teu grito
nas constelações
que avultam
entre os vivos e os fartos.
Nasceste
e viver é por demais solene,
salto sem leme ou tombo.

Uma data e tudo escorre, caixa
de escândalo. Uma data
e a vida transborda — criatura
por todas as tuas voltas.

Nasceste à solta
como as marés e as frotas.

CARTA DE GUIA

Viver é um trato de esperança
que não estanca nos passos ou valores;
corta-se ao viver o baraço dos meses,
a varanda de clausuras,
para sermos o silencioso sulco,
a clareira de dons.

Viver são rédeas soltas
onde a memória destrança
o tropel dos símbolos.
Não tem contradança.

Viver no mundo é casa alugada,
onde dispomos, por instantes,
a cadeira na sacada,
retendo o rosto da amada
em nosso canto,
a refazer as cordas de seu leito.

Viver é soldar o esquecimento.

CIRCUNSTÂNCIAS

Aqui, Amada,
diversa é a casa.

As frinchas
são rugas
na testa.

As portas
não abrem
ou trancam
a liberdade
da queda.

Em verdade
só os homens voam
mais leves
que a água do sonho.
O vôo é um conceito
do sono.

Em verdade
as paredes inflam
e o homem
é o círculo do drama.

II Aqui
diversa é a casa.

Nenhum cavalo
na pauta.

Nenhuma águia
no forro.

Nenhum ovo
no erro.

Nenhum bico
de lâmpada
ou âncora
nas alas.

Uma asa perdeu-se
na sala
e outra

persistiu voando
sem comando.

SUPLICAÇÃO

Vem, Poesia,
há muito tida e bendita,
arranca da angústia
as ervas daninhas,
deixando-a limpa,
esticada,
linha na água.

O universo circula
e há uma ordem tão pura
na sua floração,
sem ter ninguém ao leme
deste carro de mão.

Tua é a casa.
Instala a montagem,
as salas,
a arrumação do quarto
e o leito
onde o desejo
esplende.

Quero que residas
no avesso
de minhas geometrias,
no jeito
de sorrir ou sofrer.

O universo circula.

Que é a dor perto dele
— avaria, planura?

Aplicação de linhas
nas colinas,
a tua resistência
será minha ascese,
violência.

O universo circula.
O mundo e a solidão
que medra sem cantil,

telégrafo ou correio,
ficando eu prisioneiro
de coisas e meios
para andar em seu rio.

O universo circula.

Quero tocar o extremo
de ti e da morte,
mesmo que o amor
transborde.

INQUIRIÇÃO

Que buscas de mim, poeta?
Tua vida a enterraste
com teus calos,
com tua solidão,
com teus sapatos.

A vida estava rota de cuidados
e assim a sujeitaste
nos teus óculos,
entre livros e sábios.

Teus problemas são vastos
ou são gastos?
As cenas, só tuas
e os propósitos
se quebram contra os portos.

Antes tinhas
severa nostalgia;
hoje reténs, apenas
o nome de homem
ou a festa
de sua maré cheia.

Outrora o universo era demanda
nos foros de teu verso;
hoje é o reverso
de uma antiga batalha.

Que pretendes do mundo que te cala
e tenta amordaçar-te com sua garra?
O lápis, a caneta, o tabuleiro

e vários objetos
alinharam-se em teu gesto
ou no resto talvez de uma memória.

Teus planos, aeroplanos
no sol do que não vês.
Deus é a ciência
que fica
quando abates
em ti
o som das coisas.

DIARISTA

Hoje cavarás teu rumor
entre as fúrias e o sol;
plantarás uma alegria
nos arrozais.
Hoje descerá o anjo da misericórdia
sobre esses que deploras
e por quem não podes chorar
que a lágrima é só tua, e única.

Arrancarás as chaves do solstício
ou as gavetas de um silêncio não revisto.
Hoje serás amado e amarás
sem juros ou ágios.
Amanhã não
— que o amor esgota a razão.

Hoje dirás bom dia ou boa noite
com tolerância,
animal sem garra ou ânsia.
Amanhã não — que a tolerância
é uma garganta fechada.

Hoje é um afã diverso do amanhã:
afã coberto de ervas e caminhos.
Amanhã é um beco em cima dos sobrados.
Um beco na paz e na justiça.

Amanhã será amanhã.
Como a neblina é neblina.

ENTREATO

Testemunhei o desconcerto
meu e de todos;
não escondi o logro.

Se nunca me rendi,
somente desarmei
o que perdi.

Nada retirei
dos arsenais
a não ser
(por meu mal)
este revólver
sem balas,
calibre de horas
padecidas
e um coldre
de ambições.

Sim, muito trabalhei
por natureza e lei.
Medir não aprendi:
a morte, a vida.

Por isso jazo aqui.

METAFÍSICA

Não busco a hierarquia
entre a terra e o húmus:
prefiro a transcendência
do vento,
cumprindo-se apenas,
sem dividendos
no pensamento.

Para mim
floresce
a teoria de viver.
Os momentos são inteiros
na casa dos arreios.

O tempo, Deus, a alma
couberam
nos meus cadernos de escola.
Cresci
e Deus se transformou
na religião de estar aqui,
na relação
há muito consentida
de andar rente ao chão

junto às árvores, o ar,
sem alvará
para morar na vida.

INQUISIDOR

O poeta é inquisidor. Vem entre os vivos
trazendo os últimos vestígios
de alguma eternidade não havida.

Rejeita argumentos retidos
no ermo das gavetas. Avista,
nos rostos, a linha triste
ou dura de fronteiras.
Inquire — porque sabe que existe
no muito indevassado o devassável,
os pássaros que voam sem sentido
no mar, no sol, no ter nascido.

Vive inquisidor. Mantém
sua carta de guia nos regimes,
abre desvãos na solércia,
no averbamento do mundo.

Morre inquisidor e é tão vivo
que se o tocam — volta
mais inumerável.
Se o tocam pula
das repúblicas.

E o fraterno se afasta
dos números,
de suas comissões
e pecúlio.

O fraterno
é o próprio inquisidor
embora sendo
tão terrível o amor.

APROXIMAÇÃO

O amor são coisas de mar alto
e também de mar baixo. O sofrimento
é uma onda que vai e vem com o vento.
E entre um momento e outro
a vida salta
— peixe,
metáfora.

Como poder então pensar na morte,
se quando penso,
ela é mais forte
que o pensamento
de eu a estar vivendo?

Tempo haverá
a este impasse,
se ao rosto vinculado
é a própria face?

Que matéria nos nasce,
salvo o espaço
de ir e vir deixando
em cada parte
um retrato, um abraço
ou desenfado?

Este é o mundo
que nada mais dissolve
pois dissolvido está,
quanto mais jovem.

É o mundo: não fiz por aprendê-lo.
Tinha no meu porão o seu espelho.

Este o mundo em que creio e deponho,
imparcial julgador dentro do sonho,
incapaz de subir sobre a inocência
que ela é feita de nós, de nossa ausência.

Este o mundo onde jazo não cabendo
e tantas vezes caio;
em que ardendo me encolho
no tonel de haver chegado,
vigiado por mim e pelo acaso.

Este o mundo
que o mundo não dissolve
porque fica durando,
enquanto imóvel.

VERSÍCULOS

O poema e seus sótãos.
A flor dentro do espectro.
O amor, entre o poema

e o calabouço, tordo.
A casa do poema
e o circo
— a sorte é a trapezista.
Deus, o toldo.
A casa
arca
varando
as águas.
Nenhuma aderência
na loucura:
os animais e as tábuas.
O assentimento é bruma.
Carteio.
Não descende.
Está presente.
A casa
com a eternidade ao meio
da eternidade.

DÁDIVA

Alta noite.
Entre foices de cuidados,
dos teus passos nasce um cão
e dos meus, nasceu um fardo
que levo com duplos braços
e duplos ombros fechados.

O depois são andorinhas
no pasto de Deus e o diabo.

Era o tempo,
era a morte que parava,
era o surto dos espaços
que, Amada, te rodeava;
era a noite
em nós vazada.
Mas quem aos olhos fitasse,
veria peixes no verde
e borboletas de água.

Noite alta.
O amor moveu nossos remos
no silêncio
e até hoje não sabemos
como surgiu, donde veio.

DERIVA

Cuidando ou não
as coisas vão.
Quem se dispõe
a socorrê-las?

Cuidando ou não
as coisas vão.
Perde a razão
quem nelas creia.

Perde o motivo
da explosão;
o amor sem elas
não se alteia.

Cuidando ou não
as coisas vão.
No amor a amada
não tem peias.

No amor as coisas
sempre vão;
perde a razão
quem nelas creia.

DESPOJAMENTO

Desnudar-se do adorno,
das ações ordinárias;
desnudar-se da fome
ou, quem sabe, da esquadra.

Desnudar-se de arestas
e pontes levadiças
pois são tantas as torres
onde a amada se fixa.

Desnudar-se da fama,
mulher ou donzela;
sem concordata, marca,
desnudar-se na amada.

ARRAS

Amada, deitamos
no giro do barco
e as águas singramos
vela e corpo em arco.

CASA DOS ARREIOS ■ 139

O universo ao largo
se entrepõe. As margens
e o rio, somos nós.
Quem nos leva à foz?

Amada, rodamos
no ágio do barco;
somos onde vamos,
nós nos tripulamos.

HERÁLDICA

A dignidade no amor
é amar somente,
que nele entramos
limpos, solidários,
não donatários
de capitanias.

A dignidade no amor
não anda às cegas.

Está na inquirição
onde assumimos
a nossa punição
de sermos livres.

Jamais abdicar
o que passou.
A locação comum
é só amor.

AJUIZAMENTO

Amor, deuses teceram teu governo
no eito de ganhar e de perder.
Amor, sim, cada poro devastado,
cada líquen. Tão curto é teu chamado
que levado a teu reino nada sou.

ROL

O amor a barlavento.
O sustento
de seu medo.
O enleio
dos cabelos e termos.
A justeza
da casa dos arreios.

A memória
na peça dos espelhos.
Andorinhas
sobre o cerco.

O amor
na revelia
do esquecimento
pois a culpa sumiu
há muito tempo.

UTI POSSIDETIS

O corpo que possuí
— eu o relembro
na sarça
ou tribunal.

Eu fiz daquele corpo
a minha casa;
depois vieram remoções.
peças de caça, cartas.

E a solenidade de viver
se repetia,
arcaica geografia.

Não combinavam siglas.
Nenhuma revista
trazia
sua nudez exata
e a precisa bainha.

O corpo que possuí.
Quando? Não sei.
O tempo remata
a quem o tem por lavra.

O corpo que possuí
sustinha o ementário
de muitas vinhas.
Muitas e furtivas,
réguas de saliva.

Quando o procurava
não o fazia
como quem vai à regata

ou cria
um costume de amar
só por costume ou falta.
Amava, sim, à farta.

Amava, água
na bacia
quando em chegada
do dia.

Amava as letras de teu nome,
dunas;
as letras de teu nome
no corpo, o covo
do sono, a conexão
das ancas e o abdômen,
o soluço
das noites mal-dormidas,
os anúncios da tarde
no teu nome,
ajoelhado, de bruços,
embolado no meu
como um farnel.

Disciplina é a vida
nas comportas
onde se inclina.
Disciplina é teu corpo,
tua pele de tâmaras
na febre.
Disciplina,
rotina de línguas
na sílaba.

O corpo que possuí,
quando o toquei
reconheceu-me logo,
abriu-se em fogo.
Jamais o delatei.

O corpo que possuí:
antes de amá-lo
já o visitava,
no léxico do tempo
onde plantava.
Antes de percorrê-lo

vislumbrava
sua comarca ou chácara;
antes de compreendê-lo
debuxava
as pontas de seu velo.

No corpo que possuí
foi que aprendi
a ler, contar e dividir.

O corpo que possuí
estava em mim
ou talvez me mudou.

VÓRTICE

Pensei em moldar no desejo
as fórmulas, os temperos,
as brisas e as cancelas,
o fuso dos vincos.

Pensei que o desejo, saciado,
saciasse nos subúrbios da carne,
no sexo.
Todavia,
nada nos sacia.

É uma sede no âmbito da alma
e mesmo calma,
excede o caminho de meu corpo,
as suas montanhas, preceitos.

Bato na pedra ancestral,
na delegacia civil,
no livro de Nostradamus,
no clavicórdio,
no ódio.

Mas esta ânsia não pára
na amada,
na morte,
no juízo universal.

Continuará para qualquer instância,
sem a podermos segurar
ao palanque, nos braços,
aos lábios.

Continuará pelos séculos
sem remédio ou tédio.

SALVO–CONDUTO

Forcei os símbolos,
Cansei os atributos.
A condição humana
não me dá salvo-conduto;
nem a dor dos limites.

A condição humana
é uma fresta da janela.
Aceitá-la, é vivê-la:
que se abram portas
ou o espaço das estrelas.

Viver é descobrir
a fronteira dos corpos.
Amar o que se toca
e tudo o que reclama
passagem
entre nós
e o que se ama.

A condição humana
é a alucinada chama,
o último reduto.

PENHOR

Amor, cobrado
dia a dia,
forjado na oficina
do pranto,
aceito no amanho
do canto
que nele sempre mais
eu vou descendo.

Amor, cujo rebanho
eu apascento
no ar de meus cuidados
e vielas.
Já não posso gravá-lo,
se é matéria.
Colhê-lo, nunca é tempo
de semente.

Colhemos, nós, Amada,
o que perdemos.
Nascendo de cavar,
nos enterramos
em nossa guarnição
ou nos salvamos.

Amor — desembolsei
da morte o espaço
para solver alguns
de meus guardados.

A tudo resgatei
no empenho de soldado.

Nada me é dado.
Os deuses só protegem
seus amados
e entre eles — não sou.
Conheço o preço
do amor, do desamor
e o privilégio
de muito conhecê-los
é tão breve.

Posso cumprir
uma exigência antiga
de meu sangue no teu:
clamores, passos.
Porém necessitava do repouso
de animal numa encosta;
da quietude
na caixa da guitarra;
da quietude das coisas
quando em sala.

Amor — outro valor não peço
nem mereço —
ameno ou sôfrego,
não vassalo,
nem cúmplice de haveres.

TRIBULAÇÃO

Abotoado pela misericórdia,
na sede, na justiça,
abotoado no passado

entre infâncias e camisas,
abotoado de chuva
no verão, de amoras
e consultas.

Abotoado pela perfeição
de um poema mal-nascido
sob a estufa das horas
e do chão.

Abotoado
em meu amor pela vida,
sob garruchas ou medidas.

Abotoado
em Deus, no diabo,
deixo esvoaçar
de teu rosto
o falcão do silêncio
e do meu,
abotoado em si mesmo,
a esperança
que o vence.

Abotoado pelos séculos,
pelo ofício,
num ríctus
cobri de plumas teu grito,
com a eficiência do meu,
arremetido.

E tudo no tempo é abotoado;
nuvens e cães;
os homens abotoados;
as aves abotoadas
no céu de sons, abotoado.

Por que tantos botões
a fechar o existente
se há fome de grãos,
espumas e poentes?

Contido
entre o botão da culpa
e o outro
não sabido,

penso no dia do juízo;
penso na casa da suplicação
com julgadores precisos.
Penso, abotoadamente,
no começo do mundo;
sobre as ervas
a inocência brotando.

Todavia, adianta pensar?
Adianta alinhar códigos,
se a balança
oscila
entre botões
e ferros velhos?

Se pensar
é o refém
de não-pensar
pendurado no ar?

Adianta reter
o bem, o mal,
se a morte desabotoa
o sonho da alma,
a vida do corpo
e vai no seu cavalo?

Abotoado
o pensamento volve
em seus domínios
e as leis intentam
o equilíbrio
na mutação da dor
ou do extermínio.

Abotoado pelos hábitos,
abotoado pelos dias,
sou um homem
capaz de resistir
em cada traço
com fôlego
e quilômetros
de pássaros.

NAS ALTAS TORRES

Nas altas torres do corpo
todas as horas cantavam.
Eu quis ficar mais um pouco
como se um campo de potros
espantasse a madrugada.

Eu quis ficar mais um pouco
e o teu corpo e o meu tocavam
inquietudes, caminhos,
noites, números, datas.

Nas altas torres do corpo
eu quis ficar mais um pouco
e o silêncio não deixava.
Conjugamos mãos e peitos
no mesmo leito, trançados;
eis que surgiu outro peito,
o do tempo atravessado.

Eu quis ficar mais um pouco
e o teu corpo se iniciava
na liturgia do vento,
lenta e veloz como enxada.
Era a semente batendo,
era a estrela debulhada.

Nas altas torres do corpo,
quis ficar. Amanhecia.
Todos os pombos voavam
das altas torres do corpo.
As horas resplandeciam.

JURISDIÇÃO

Quanta jurisdição
na casa dos arreios.
O amor sobrante,
ao meio de cada solidão.
É só experimentá-lo
ciente de sua vontade
ou verdade. Com poderes
de existir na hospedagem.

Amada, amigo, todos
com a mesma competência
de utilizar o fogo,
usai o coração de vez.

As palavras caiam
entre outras palavras
e reparos.
Mas não caia nunca
o nunca deste amor
e sua posse e sua
absorção.

II A casa não tem fim
e os inúmeros projetos
no quintal dependurados
entre as roupas.

Devagar
que a vida é pouca
para tamanha resposta.

A casa não tem fim.
Começa no amor
e o amor decide em mim.

E os muros ruídos,
os cravos,
as persianas nos sentidos,
entreabertos.

Cuidado que a vida é solta.

III Amei.
A esta jurisdição
não descuidei.
Sua fonte
tornou
nas coisas de antes.

Morri,
ano após ano
e pude erguer-me
com a virtude
dos pássaros,
tendo-te, amor,
por leme.

Sempre fui
um e muitos

se desdobrando
na mutação dos frutos
e das plumas.

Assim inumerável,
com a carne e sua nave
o amor irá seguindo
do estaleiro da tarde
e nele vou fluindo,
coabitando.

E a tudo
o amor reparte.

IV   Jurisdição do amor:
caminho entre pinheiros.
E o mundo
em perfeita liberdade.

Nenhuma vide
sob os passos.
Nenhum acinte
nos músculos.

Jurisdição do amor
quando o mundo for justo.

V   E justos serão os braços
para o abraço.

Justos os pulsos
para a justa entrega.

Algum tronco de veias
liga ao sangue os amantes.

Haverá, junto ao leito,
algum rio de conceitos
que permita no amor
a referência?

Que espécie de morte
nos destina,
donde, apesar de mortos,
regressamos, atônitos?

VI Nossa jurisdição não tem a morte
e a ela não procura, não concita
mesmo com seu morder.

E é lento
o decair das pompas, o sumir-se
de uma nobreza verde.
Os móveis a perder
as folhas, o brilho.

Nossa jurisdição não pede nada.
O ônus de viver ficará sem saldo.
Que ela prossiga — não aqui. Calada
e branda — é sôfrega, voraz.
Aqui não — nossa casa é na coragem
e força é navegar, embora tarde.

VII A casa não tem fim.
Há coisas aproveitadas
pelo ano seguinte.
Sapatos, malas, poemas.
Um tempo conosco resiste
diferente do tempo,
subterrâneo, por dentro,
quando amamos.

O pessegueiro que madurou com pardais
pode secar sem eles.
E o nosso rosto.
Os seres.

A casa não tem fim, Jonas.
Transitarão por ela gerações
e será sempre o mundo recriado
com a linguagem do amor
indeclinável.

TRAJETO Onde existir o humano,
irão meus ossos.
Insígnias não pretendo
por servir ou abdicar.
Vivo o que não desvendo
mas sou de muito amar.

Onde existir o humano,
irão meus vínculos.
Posso o que não compreendo
e por isso estou vivo.
Crescendo nos remendos
mas nunca absorvido.

Onde existir o humano
aí vão meus parentes
e todos os pertences.
Eu disposto a perdê-los
e a perder-me comigo.

Onde existir o humano,
irão meus ossos
e os últimos anos,
o que fui e prossigo.

Onde existir o humano,
ira meu reino vivo.

CANGA
(Jesualdo Monte)

Grand Âge, nous voici. Prenez mesure du coeur d'homme.

SAINT-JOHN PERSE

DESEMBARQUE

ALISTAMENTO

Jesualdo Monte, trabalhador geral
nas cangalhas do espanto,
seu viver: peão de foz em foz,
entre as pás de uma roleta,
rio que não chega e se propôs.

Jesualdo Monte
desembarcou nas costas de meu canto
e veio vindo, povo caminhante,
no alforje de um nome, de um semblante.

E o que é seu
e nosso?
Donde tiram
o que nos pertence
ou pertenceu?
O balde,
de que poço?
O ânimo?

Cerzi a dor
na ponta do que vejo.
A Jesualdo Monte,
sem carta de regresso,
sua entrada não impeço
no meu canto.

Aqui não há guardas,
alfândegas, pedágios.

O bornal já secou,
os algarismos,
como palha, secaram.
E o trabalho de Jesualdo Monte
queima no horizonte.
Queima onde se expande.
Queima nas mãos que o tangem.
Queima.

VISITANTE

Hóspede deste quarto,
os cotovelos descansas
sobre a mesa, na esperança,
ao largo
e fitas o silêncio
nas coisas perturbadas,
objetos do uso sagitário,
o capote,
os livros,
o sapato.

II Tens um remar pausado e sem remate,
remos do coração no peito batem,
soturnamente, braços em combate
conjugam-se nas plumas.

De que região vieste, de que parte
dos bosques ou da peste?

Possuis o mesmo sentido
o mesmo alvoroço
de quem trilhou
nos próprios ossos.

O vento perpassa a dor,
galope surdo,
malhando
o que restou.

III Pensei-te emissário
com ordem de prisão:
o pavor me tocou com seu engaste
e rodei ao léu, chapéu.

Jesualdo Monte,
mais que nauta,
homem,
com subterrâneos mares
dentro do nome.

CULTIVO

Tua juventude,
sem portão e sem balada,
é uma floresta cortada.
As vozes te criaram
com sua horta.

Tiveste infância, casa
entre álamos,
cravina e trepadeira
pendendo ao muro.

A escola era do vento,
a sucessão das árvores,
o livro de gravuras,
firmamento nos joelhos.

Os animais te amavam,
farejando-te ao solo;
o cão mordia o sono,
o rebanho sonhava.

A tua juventude
não tem passo de balada:
é uma rede tombada
sobre a água.

O EXÍLIO

O exílio não é o longe,
mas o cerco.

O exílio, campo exposto,
onde pasta o pensamento,
boi que trabalha no amanho.

O exílio é um deus amargo.

TESTEMUNHO

Não te vincules ao sangue,
mas à terra que te escolhe.

Foste marcado no torso,
por um vento que não dorme.

Não te vincules ao sangue
e sim, ao fluxo e à lava.
Teu canto nunca se enquadra.

Não aceitarás outra herança.
O intervalo do sangue
gerou a sombra
e o tempo foi pisoteado
nas patas dos teus cavalos.

O MUDÁVEL

Não mudaras o mundo,
continuarás o sopro
de vir e estar vivendo.

Não mudarás o mundo,
nem a estreita andadura
deste búfalo solto.

O fogo que te vive
devorará teu corpo.

II   Não mudarás o mundo,
mudarás a casa.

Não mudarás o mundo,
serás dilacerado
nos eixos que te giram
carroças e caminhos.

Desdobraras teu corpo
na caliça dos dias;
não deterás o drama,
deterás a espada.

Não mudarás o mundo,
mudarás a casa.

III   Não vergarás as coisas
como haste de junco
a cingir teu pescoço.

Rasparás de teu poço
a solidez do inverno,
a nódoa, o infecto
verme e seu casulo
mole e quase interno,
sujeito a reparos
e à limpeza dos tordos,
na margem.

IV   A espada não preenche
o mundo com sua alça.

A bainha deserta
o o estranho desamparo
fazem da criatura
sua guerra mais dura.

V   As flores, neste reino,
nascem e se desfazem.
Os lemes não governam
as naves.

Aqui a lei se perde
para as coisas sofrerem;
o mundo se mede palmo
a palmo e se esgueira;
não é umbra, nem fonte:
é um lagarto arquejante
varando o ar com a proa.

Não mudarás o mundo
e o escasso inventário;
serás o abraço gasto
dentro do abraço.

ARREVESSO

CANGA

Jesualdo Monte, não és homem.
És um burro
carregado de ossos;
as palavras, insetos,

volteiam-te a garupa;
até a carne é hostil
sob a carcaça
e o presságio dos seres
te enternece.

Não te movem as fendas,
nem as urzes,
nem o jogo de vozes,
o repouso das tardes
e as vigas
que desceram ao rio
no teu lombo.

O mundo te apertou com sua cincha
e tudo em ti
transpõe o desespero,
desapegando patas e raízes.

É esta a condição de não ser homem:
dormir, placidamente, sem remorsos,
no curral dos mortos.

É esta a condição de não ser homem:
ruminar o assombro, junto ao feno,
receber o milagre sem transtorno,
seguindo sempre, onde manda o dono.

É esta a condição de não ser homem:
lanhado o casco por chicote lesto,
zurrar, apenas, mastigando o freio.

É esta a condição de não ser homem.

CANDEIA

Jesualdo Monte,
a tua liberdade é a findação do fardo.

Agora despes
o invólucro
que acende os limites
de teu dono.

A liberdade é a findação do fardo,
sem descanso de reses,
sem ração em metade,

sem o lépido relho
que esvurma e castiga
o sonho e a barriga.

A tua liberdade
é a findação do fardo.

ENGENHO

Jesualdo Monte, não és homem.
És um burro
amarrado ao que se finda
nas ervas.

Irmão que a outro vende
no mercado das eras,
engrenagem de carne
mastigada nos veios;
alçapão de homens
que farinham no dinheiro;
sóis entrosados
fervilhando
a moenda do tempo.

Qual o homem,
qual o produto feito?
Qual a energia que os roda,
qual o intento?

Afinal, quem é o homem,
a roldana que o move
ou o seu movimento?

O servo tapando
a nudez que o ressente
ou metal explodindo
as polias de azeite?

Afinal, quem e o homem,
amarrado ao mercado
de números e eixos,
amarrado ao cavalo
que o desfaz contra os seixos?

Afinal, quem é o homem?

COCHEIRA

Jesualdo Monte, não és homem.
És um burro,
amarrado ao que dorme:
a prisão não te cala
com sua cela de azougue,
a prisão não te cala,
nem o açoite.

Arrastam-te à cocheira
e ali encilham teu sonho;
amordaçam as orelhas
e patas, mas a luta
não te amordaçam nunca.

Arrastam-te a cocheira
e vergastam teu pêlo
com chicote de ferro,
mas os olhos secam duros
e a luta segue no escuro.

Arrastam-te à cocheira,
onde moscas se agrupam.
O dono se regozija
e no enredo de crinas,
o teu sangue vomita,
mas a luta
não te vomitam nunca.

TRABALHO

Com o cenho e patas súplices,
espreitam-te os aguais,
as forjas e forquilhas,
aguardam-te os cipós da dura faina,
sinete de caverna,
onde a flor das orelhas
se rebela.

Trabalhas, trabalhas,
o sol nas espáduas,
meu irmão,
a miséria é tua renda
e o monjolo,
sem tempo de paixão,
sem recompensa ou paga.

Animal,
quem te compreende,

quem te vê
para além de tua sede,
das cargas e dos pesos?

INTERREGNO

Entre a loucura e seu transe,
a liberdade se abre
e neste ávido lance
as asas se desemperram.

As plumas iguais a um ganso
e se alimenta do instante,
no ar se abeira e se move,
o dorso alem do pescoço.

Sobre a loucura este ganso,
com rosto de musgo e pólvora,
escarva o álgido poço,
as patas mais o revolvem.

Que buscas, insones lábios,
onde a demência se esgota
e a noite, com seu camelo,
bebeu a última gota?

Entre a loucura e o remanso,
a liberdade se estende
e dorme. Ali jaz a nave
de penas, ao homem presa.

Entre a loucura e seu transe.

DEMARCAÇÃO

ANIMAIS DE ORDENHO

"O que tenho:
desespero e lenho.
Os mesmos olhos,
mas outra paisagem
na retina.

O que tenho:
desespero e lanho.
Verdoenga solidão,
com seu tamanho.

O que tenho:
desespero e lenho.
As mãos cavadas
na crueza do engenho.

O que tenho:
desespero e lenho.
O homem se equipara
aos animais de ordenho.

Os mesmos olhos,
mas outra paisagem
na retina.
O que tenho:
desespero e lenho."

O DONO DA TERRA

"O que tenho:
desespero e ferro.
A terra não tem dono,
o homem não tem terra.
Os trigos se penduram
na haste de uma idéia.

O que tenho:
desamparo e ferro.
O ódio sempre novo,
o pensamento velho;
o ódio ressequido
no bolso de meu terno.

O que tenho:
desalento e ferro.
O ódio na lapela
de meu amigo morto,
nas gavetas, o ódio,
leite no entreposto.

O que tenho:
alento e ferro.
A terra não tem dono,
o homem não tem terra."

SUSTENTO FORTE

"Se é por sustento forte,
eu como a morte;

vou acender uma bala,
onde uma ave não voa.

Se é por sustento forte,
eu como a morte;
a bala se aloja e canta
sua prisão de carne muda.

Se é por sustento forte,
eu como a morte;
os olhos, farpas de cerca,
onde uma bala rebenta.

O nó de teus braços desate
para que possa misturar-me às coisas;
se é por sustento forte,
eu como a morte.

O sangue se faz garupa,
a bala se torna sela;
se é por sustento forte,
eu esporo a vida."

MINÉRIO DA ESPERANÇA

Quem tocar no suor e no trabalho
não terá vassalagem, nem herdade,
não terá usufruto da paisagem,
nem provará o espólio.

As ferraduras se ferram
no minério da esperança;
as ferraduras se ferram
no cavalgar dos cavalos.

As ferraduras se ferram
e o sol acende o minério
de mãos batendo o martelo.

As ferraduras se ferram
e os homens forçam o ferro,
rasgando a polpa do erro
contra a bigorna do tempo,
forcejam o sol, forcejam
a noite e a desentocam,
limpa e fraterna, no escuro,
com seu larval de sementes.

As ferraduras se ferram,
entre o mais moço e o mais velho.
Quem tocar no suor e no trabalho,
pisa o peito de um homem
sob o orvalho.

O LEGADO

O trabalho feito,
as botas descalçadas,
debulhadas as distâncias
como ervilhas no avental;
o inventário,
os teus dias,
os enteados carpidos
e o desígnio,
tudo arranjado e fluindo
na funda mala de zinco.

CÂNTICO

Limarás tua esperança
até que a mó se desgaste;
mesmo sem mó, limarás
contra a sorte e o desespero.

Até que tudo te seja
mais doloroso e profundo.
Limarás sem mãos ou braços,
com o coração resoluto.

Conhecerás a esperança,
após a morte de tudo.

PROTESTO

De protesto em protesto,
vai o homem e o barco,
para algum porto certo,
ou talvez, fundo charco.

De protesto em protesto,
vai o homem e o barco
e sua alma nas ondas
mais e mais se arredonda.

De protesto em protesto,
vai o homem e o barco
e seu súbito ingresso,
onde penetra a sonda.

De protesto em protesto,
vai o homem e o barco.
Um arremessa a seta,
outro distende o arco.

De protesto em protesto,
contra o sol sobe o barco.

EDITAL

Não oferecerás em holocausto
ao senhorio
novilhos, aves, polidez escrava.
Teu suor tem força de granada.

A luta está cavada,
campo de avenca gretado,
as prisões se abrirão
ao trigo e às andorinhas de azinhavre.

A luta está cavada.
O milagre de braços se destrava
sob a lâmina dos dias;
as balas são joios
nos corpos,
sem amaino da terra,
sem enxada ou pastagem.

A luta está cavada,
boi que se abate.
A luta está cavada,
na empunhadura da faca.

PERCALÇOS

De esconderijo a esconderijo,
eis tua vida,
aos poucos, engolida
com o pó, a cachaça
nas vendas, o feijão
na marmita, engolida
com o pó, violão.

De esconderijo a esconderijo,
perseguido,
de esconderijo a esconderijo,
insubmisso, presto
usas o teu rifle

como um fole, um órgão
de metais,
como as ferramentas
de tua oficina,
a panela em barro,
onde ferve o dia.

De esconderijo a esconderijo,
Jesualdo,
com quilômetros
e galgos, galgos aos pés.

De esconderijo a esconderijo,
desce a sombra,
sobe a sombra,
sobe o monte.

Mas o certo, Jesualdo,
não se esconde.

APRESTO

Não é este teu dia
na ferraria.

Não é este teu dia
no cano de horas
que se limpa.

Andas por uma rua
de tapumes e hortos;
não é este teu dia.

Jogaram-te
neste dia velho
como a um porão
de nau
ou calabouço
e todo esforço
é atingir
o baú de relâmpagos
no fundo de teu dia.

Com sua roda e seu carro,
irás movimentá-lo.

Não é este teu dia;
irás remá-lo

junto ao farol,
inflá-lo com tuas velas
ao mar.

Não é este teu dia,
não é este.
Fica a sul, fica a leste.
Teu dia
não nasceu quando nasceste.

PREMONIÇÃO

Sentiste o frio, Jesualdo,
em cada fio
de seu trajo,
o frio, o frio,
o pranto no estábulo.

O frio na coragem,
no lêvedo
de seus passos,
no galpão, na estalagem,
o frio, o frio,
desigual,
como um pedaço de sopro
sob o céu desembrulhado.

Jesualdo, em cada frio
vês o sinal de tua morte,
sem envelope ou carteiro,
fonogramas.
O frio no roçado
como espantalho, baralho,
pardal.

Jesualdo, o frio nas pernas,
toalha,
nas meias vermelhas,
no aço dos passos,
sem gargalo
na morte.

O frio final
como um lençol.

Quem o vai secar?

TOMBAMENTO

Irrompe a batalha.
O chumbo e seu fogo
dardeja na caixa
do peito e ali pára;
os gonzos que prendem
o corpo, rebentam.

E tombam os elementos
no teu peso,
trave
rasgada pelo vento.

Ermos os braços,
ermos os olhos,
de onde as coisas
desatam.
O corpo, árvore seca
na restinga do silêncio.

O que te sobra
não é o suor
nas têmporas,
as moscas
no amarelo retinto;
o rosto dos companheiros
ao redor, é o que te sobra
e o corpo, túrgida cobra,
interrompida ao meio.

Não importa o que te fica,
videira.
Luta e luta, dia a dia,
outro virá com sua vida
substituir-te na ceifa.

POEMA DA DEVASTAÇÃO

Há uma devastação
nas coisas e nos seres,
como se algum vulcão
abrisse as sobrancelhas,
e ali, sobre esse chão,
pousassem as inteiras
angústias, solidões,
passados desesperos
e toda a condição
de homem sem soleira,

ventura tão curta,
punição extrema.

Há uma devastação
nas águas e nos seres;
os peixes, com seus viços,
revolvem-se no umbigo
deste vulcão de escamas.

Há uma devastação
nas plantas e nos seres;
o homem recurvado
com a pálpebra nos joelhos.
As lavas soprarão,
enquanto nós vivermos.

CLEPSIDRA

O mar
quase engoliu-te
no seco;
mas o esforço dispendido
ao lado esquerdo do remo
desembaraçou tuas veias
dos afluentes do medo.

Quem fiou a tua vida,
frágil e transparente,
sem roca, mas com gemidos
e agulhas ferindo o nervo?

Quem te fiou, não conhece
os teus limites breves,
a resistência pequena,
no mar e seu almocreve
de areia.

Quem te fiou, não conhece
a contextura das veias,
feitas a um sangue celeste,
porém, de terrosas penas.

Quem te fiou e te fia,
não são Parcas, também elas
são fiadas, dia a dia,
e somos todos compostos
na mesma roda vazia.

Quem te fia, te desfia,
sem diferença de linha ou corte,
sem diferença de morte.

Quem te fia, te desfia.

DO LUGAR

As premissas deste tempo
são ineptas
e o óleo que corre dele
não presta.

Aqui o tempo
não pode ser consertado
nas suas peças.
Aguarda, ao comprido,
a côdea de sol
que lhe resta.

O tempo e Jesualdo,
nem descoberto, nem achado,
andrógino,
com a romagem de nódulas e espumas.

O tempo pára
nas gáveas,
o tempo pára
nas áreas
da equipagem.

O tempo grava
nas rochas
a lenta morte
e seu consórcio.

A morte se escoa,
gaivota à tona.
A morte retoma
as suas glândulas.
A morte assoma,
guardada honra.

A morte, sábia, remenda
as suas rendas
no pano do tempo
cortado para oferendas,

no pano do tempo vazado,
torção de areias.

As premissas deste tempo
são ineptas
e o óleo que corre dele
regressa.

Aqui Jesualdo.
A bala no peito como um sino.

MORTE–CRIATURA

A morte criatura
que nunca nos cicatriza;
pomos o seco e a pura
ramagem dos dias felizes.

E consertamos as roupas,
mas nunca nos resguardamos
de um velho arroio,
entre os ramos,
correndo sempre mais vivo.

Onde o som e a margem leve
do que sofremos, cativos?
Manam águas, manam cervos
na pastagem do convívio.

Esta dor se mistura,
abaulada fruta sem caroço,
onça
sob as grades da verdura.

Esta dor se mistura,
coagulada, junto aos meses;
a carroça da fartura
vai saqueada pelos deuses.

Nós buscamos o que atinge a nossa altura,
o vôo que transporta,
o último sentido que nos priva.

É ela, sim, é ela,
no carro de leões
onde se atrela.
Quem a espera, entre a turba?

Manter esta criatura
num armário,
com remédios e víveres.
Guardá-la, engomada
em sua febre, voltada
para nós como demente,
gritada contra nós
e derrubada.

E abraçá-la no pó, com suas taras,
mistura que nos gera e nos devasta,
em fúria, besta implume e mais devassa
que a vasa onde fermenta a sua raça.

Além descemos
a encosta do rio, jusante e mudo,
incólumes, seguimos como cinzas
nascidas do apagar-se, na órbita do havido,
vagamos foragidos deste aviso
de morrer, desta tonsura
no teto da cabeça, na morte.

EMBARCAÇÃO

Tens o teu vinho guardado,
corregedor do teu gado.
Que mais desejas? O saldo
das coisas desenterradas.

Tens a tua habitação,
as ovelhas já tosadas,
as ambições que se vão,
gaivotas, em revoada.

Os utensílios curtidos
e a mobília renovada;
a solidão necessária
para o sol purificá-la.

Teu mapa e a provisão
de bezerros e cevada
foram colhidos ao desvão,
altura de tua murada.

Assim provarás a safra
e a sofrida expiação,
seguirás sem teus sapatos,
com a rota que te dão.

Não recuarás do cavalo,
dormindo dentro de ti
e sem tentar abrandá-lo,
cavalgarás o teu fim.

LISURA

I Entras na morte,
como se entra em casa,
desvestindo a carne,
pondo teus chinelos
e pijama velho.

Entras na morte,
como alguém que parte
para uma viagem:
não se sabe o norte
mas começa agora.

Entras na morte,
sem escuros,
sem punhais ocultos
sob o teu orgulho.

Entras na morte,
limpo
de cuidados breves;
como alguém que dorme
na varanda enorme,
entras na morte.

AGONIA   II Tenho esta dor. Sim, povo, tenho esta dor,
esta suspeita sem arcas.
Vou guardá-la.
De um tempo a outro caio, sem tempo.
De porteira a porteira.
De um tempo a outro caio, caio sempre.

Voltei à infância, voltei para fora,
para aquém de minha morte.

A dor não se retrai e anda sem pés,
aonde? Está aqui, ali,

soberba como um touro
na praça, no país,
entre fuzis.

Não ouviste quando te chamaram,
Jesualdo,
quando te chamaram não ouviste,
quando te chamaram?

Fogo! O touro se moveu
atrás do muro, atrás do mundo.

Por que este escuro na dor, este
escuro nos pés, este escuro em ti,
Jesualdo, que se move como um touro?

Suspeito de ter morrido
há cem anos ou dez,
sem conhecer da morte
o assento e o trem.

Suspeito de ter sido transpassado
como um túnel, à esquerda,
por um trem.

Suspeito de não estar aqui,
mas a dor é real
e os empecilhos e as rótulas.

Há uma desordem nisto
e há uma ordem na dor,
aprofundando ritos.

Ausente de si mesma,
regada a esterco,
a lesma não sai.

Só violando
as guarnições, a paz,
teu desejado filho.

Esta dor não se casa,
não partilha do patrimônio
e das recusas.
Vou guardá-la.
Vou fazê-la mulher,
depois amá-la.

Entreaberta até o fêmur,
sem fio, sem estações
ou gastos, não sai;
a carência é sua trilha.
Não tem locomotiva,
não tem siglas.

Dor sem morte
e mortal por isto.
Quem te encerrou na torre,
quem te encerrou na torre
e te encerrou na torre?
Eras menino.
O escuro nos teus pés como um cachorro,
o escuro latia nos teus cães.

De porteira a porteira,
tempo a outro,
pesa tanto este amor,
esta madeira,
o desenho de tréguas,
esta treva.

Onde tua janela, Jesualdo,
o retrato?
Quem costurou tua fome
e os botões do casaco?

Esta dor não se retrai, não se retrai,
esta dor, esta fome não se retrai,
esta suspeita,
esta raposa que não sai da colheita.

Não sai. O touro, com olhos
de um crocodilo surdo,
parou,
parou no meio do mundo.

III A carne se acasala
e as paredes se comprimem;
depois o pátio,
com cercas e frutas,
o patamar redondo,
os balaios.

Jesualdo Monte morto.
Ao lado, sua pistola
encalhada e sem balas
e música na enxada,
no gadanho, no mundo.

Jesualdo Monte e música
apenas. Os seus braços
desfizeram cadelas.

E a música jorra do balaço
como sangue, a música jorra
nos espaços do estômago,
salta
na dentadura de um mulo agonizando.

Música até quando, até quando
o sangue, a luta, o sangue?
Até quando?

Jesualdo morto.

IV   Jesualdo tem dois montes
em seu corpo:
um, onde jaz a bala,
adulta e bem-casada;
e outro, do tamanho do sonho,
onde reside a amada,
os filhos de sua casa
e os companheiros.

Jesualdo tem dois montes
no corpo
que a morte não demove,
cravo, alface, couve,
o tempo dele sorve
um outro tempo novo.

Jesualdo Monte galopa, galopa
e não se esconde.
Está vivo e morto.

Até quando o sangue?
Jesualdo Monte, até quando o sangue?

Quem te busca, encontra,
mesmo quando morto.

Quem te busca, encontra
vivo galopando.

Até quando o sangue?
Quem te busca, encontra,
mesmo quando morto.

V   A morte na pele,
abelhas em chusma.

Sangrante o peito
e a sombra
roda-lhe o leito,
redoma e pluma.

Arcado, a jeito,
o ombro.
Ali se alojam
romãs em cesta, aves.

Os olhos fermentam
potáveis.

Colhe, Jesualdo,
a folhagem
deste remanso.

A morte,
em cada poro,
humilde e necessária
como um sol sobre a boca.

VI   Secaram o corpo
que o sangue reveste;
secaram o corpo,
a idéia não secam.

É árida e dura
no cérebro fértil;
secaram os gestos,
a idéia não secam.

É híspida e crua,
de lance inflexível;
a guerra lhe fura
o peito e a figura.

A idéia perdura
no sangue mais pura;
secaram os gestos,
a idéia não secam.

Secaram-lhe os músculos
no cárcere injusto;
secaram-lhe a vida,
secaram-lhe tudo.

A idéia não secam
e brota do mundo.

VII   Quando o jazer for a terra,
calma e pesada;

Quando a couraça do que foi
estiver suja e puída, quebrados
os desalentos e as jardas;
quando o jazer for o peso
das mãos ao ombro;
seguirás a ordem
e te despreenderás
do silêncio
como uma pedra.

VIII   A terra te acolherá,
boi que se junge nas idades
e caminha, ao ruído das águas,
até a saciedade;
depois ergue as patas manietadas
e trabalha o seu pasmo.

És um ser deslocado,
com tuas quilhas,
neste local sem margem;
dobra os joelhos das horas
e faze-as carretas suaves
ou naves puxadas por burros,
pequenos e ágeis.

Poderás formar a paisagem,
conforme o sol que te invade
e acomodá-la na casa das estações,
com seus utensílios e móveis;
não além da febre e músculos
de tuas reses.

Tudo verá seu lugar:
o vento nos porões,
na despensa o mar;
o horizonte se enrolará
no armário dos livros
e o sol, como um cão, se deitará
sob a mesa dos convivas.

Sobe a correnteza,
para provar a roldana das águas
e emigra.
Agora, tua subida é o coração,
mais uma carga de pólvora.
Tua descida, uma carga de pombos.
Emigra.

ORDENAÇÕES

A Ordenação Quarta: Arrolamento,
recebeu o Prêmio "Jorge de Lima",
para obra de
poesia inédita, do INL, Rio, 1970.

ORDENAÇÃO PRIMEIRA   **RESGATE**

AJUSTE

Louco ou não, ébrio sempre,
avarento com as lamúrias,
prescrevo estas ordenações
para que afixadas sejam.

Não serei sujeito
à morte e seus acabos.
Por muita ou pouca razão,
conforme o entendimento
meu e vosso, ao vivo,
ao que não sabe a podre,
ao leal darei meu preito.

É o preço do apreendido
a custo, a fio, bocal
encaixado no tempo.

Prescrevo estas ordenações
e prendo-me,
se por "al" não estiver preso.

CHEGAMENTO

Até aqui cheguei,
vivente, ileso ainda,
apresentando as trilhas
que só eu caminhei,
amamentadas filhas.

Até aqui cheguei,
pressuroso, confiante
mas seco, sem detenças
no depois e no antes;
sou a colina estreita
e o sol posto à direita.

Amigos, inimigos,
até aqui cheguei,
por força de eu comigo;
com armas fabriquei
o tempo, onde Vulcano,
subterrâneo, desceu.

A liberdade amei,
era bela e eu moço,
donzela a desposei.
E por sabê-la amada
e sempre mais diversa,
do amor sobrou-me nada
e da esperança, réstias.

Até aqui cheguei;
esse poder que tinha,
de tanto andar, gastei.
Por isto na cantina,
guardador me encerrei
à espera de outra vinha.

Até aqui cheguei.
Para tantos cuidados,
afinal o que é meu?
Que treva e luz se aninha
no corpo, que é só minha?
A roupa, quem a deu
há muito apodreceu.
Os bens desempregados
são vindos e voltados.
E de tanto buscar
desfaço-me no ar.
Afinal o que é meu?

Até aqui cheguei.
Exaurido, remando
ou sem remos.

Amando ou desamando,
desconheço quando
os pés na mesma via
atingirão o dia.
Caminharei.

PROVIMENTO

Vós me haveis de dar lugar
nesta hora sem fereza,
por mais que o tenhais guardado,
por mais que o tenteis guardar.

Armeiro, vim desarmar
os agravos;
o que for
será de amor e passagem.
Pousada me haveis de dar
e aos meus cavalos pastagem.

CONSIDERAÇÕES
SOBRE A ORDEM

Deve ser tudo ordenado,
os grandes navios ao mar
e no redil, o gado.

Sem maior cometimento
ou grandeza de conquista,
onde não alcança a vista,
deve ser tudo ordenado.

E se alcança
a esperança,
pelo braço, sem agarros,
deve ser tudo ordenado:
o balanço no arco-íris,
o soalho, a pistola,
a toalha com seu vaso,
as cadeiras e o cultivo
da vida por trás dos móveis.

Deve ser tudo ordenado,
folha a folha, sem resvalo,
sem confianças ou salários.

Deve ser tudo ordenado,
como um carro
na memória e na garagem.

Deve ser tudo ordenado,
o varão e seus desejos,
os incensos para a amada
e para os deuses.

Deve ser tudo ordenado
e depois recomeçado,
a paixão em cada frincha
do sobrado, a paixão surda
e secreta, lápide ou flecha.

Deve ser tudo ordenado
e depois desencadeado,
como o mar que vai forjado
neste invento,
deve ser tudo ordenado,
reinventado, mar e fado,
destruído no equilíbrio,
deve ser tudo engolido
nestas águas
que as palavras
não desovam.

Deve ser tudo ordenado,
tempo a tempo, em seu compasso,
em seus passos sobre o átrio
de um palácio inabitado.

Deve ser tudo ordenado,
o previsto no imprevisto,
o incompleto no acabado,
o oficial e o soldado,
o criminoso e o remido,
chaves de um só cadeado,
cegos do realejo.

Deve ser tudo ordenado
na preclusão e no intento,
no presente, no passado,
no princípio e no seu fecho,
manancial nunca esgotado,
quando verte, não transborda,
quando seca, recomeça.

Deve ser tudo ordenado
num segmento
do universo e seu estado,
do homem e seu proveito.

Deve ser tudo ordenado
e de tal jeito,
que fique tudo ajustado
neste engenho.

CONSIDERAÇÕES SOBRE A
MORTE E SEUS HÁBITOS

VISITANTE INSÓLITA   I   A morte e seu consumo.
A morte e seu apuro.
O repuxo que ela traz, o soldo.

Desde antanho
concebemos seu vulto.
Desde antanho
a projetamos
no muro do que somos.

Limpa nos parece:
arroio, lebre.

O recuo não cabe
quando, adrede,
se cala.
Eis o aviso prévio.

Para que serve então
nossa vigília,
a escola, o calendário?

Que argumento a demove
do faro,
da unha aguçada,
do presságio?

Desde antanho
o aviso que ela dá
é de hora certa,
sem rádio, telefone
ou rezas.

O aviso é sem aviso,
recibo
de contas a pagar,
atavios, conceitos.
Está onde está.

E todos mudam de lotação
ou velocípede.
Todos mudam de cômodos.
O aluguel de nível.
Todos mudam de emprego.
Só a morte,
desde antanho,
não mudou,
não se converteu
ao rebanho.

DISCIPLINA

II Ordenar a morte,
pôr os objetos
da sobrevivência,
onde o amor é sólido,
prateleira acesa.

Ordenar a morte,
ruflando-a, coesa,
contra o sul, o norte
e outras redondezas,
ruflando-a, ruflando-a
e que nada sobre
de seu rude golpe,
salvo referências.

Ordenar a morte
e aceitá-la, nesga
a nesga, vala,
descuidada telha,
chuva que não tarda.

Ordenhar a morte,
desanimá-la,
comprimir as tetas
de sua treva.

Corça sob a seta,
sim, desanimá-la,

que ela em nós se esgote,
mesmo quando cresça.

Ordenar a morte.

DA ROUPA FINAL   III   Qual a roupa
que vou vestir
na descida,
quando partir for uma ordem,
obrigatória e ativa?

Qual a roupa
que vou vestir
entre os demais convivas,
ávidos no que foi,
prestação paga
e não remida,
ávidos em retomar
os meus lugares,
as circunstâncias
da vida, ávidos?

Qual a roupa
que vou vestir
para tão grande
acolhida?

DO HÁBITO   IV   Habituei-me à morte
numa vizinhança
de aluguel e infância.

Habituei-me à morte,
serviçal
com sutil recato.
Vemo-la, diária,
a varrer o quarto
e nos varre juntos,
hábeis e defuntos.

Alta e sem cancelas
como a uma janela,
habituei-me à morte.

SEPULTAMENTO V Que fazer desta vida
tão consumida?
Dos recursos poucos
no que em nós
é morto
e padece,
apesar de inerte?

Doido ou possesso,
nada peço,
enterrem-me.

Que fazer deste corpo,
desajeitado e torto,
com precisão de léguas
nos braços e no dorso?

Sem fardamento para o rito,
solene e ridículo,
enterrem-me.

Para as alturas, gordo
e na terra, assimétrico,
que fazer deste corpo néscio?

Jogral fui, depois réu,
agora maço de vento
enrolado num chapéu.

Não me sintam sentimentos.
Meu invento
é estar sofrendo menos
quando tento.

DOS MORTOS

FIDELIDADE I Meus mortos, eu vos entendo
como se nos estivéssemos vendo.
Parai — murmúrio —
convosco vou caminhando.
A cada margem — murmúrio —
e os mortos andam.

Sei porque não obedecem:
estão postos em si mesmos

já libertos deste encargo
de levar o esquecimento.

Tento sustê-los com textos,
ritmos. Tento chamá-los.
Euclides, Francisco...
E os mortos andam, não ouvem,
me olham, imponderáveis,
como se fossem comigo.

A FALA II Meus mortos, eu desaprendo
a fala nossa;
a fala com que vivemos,
mínima;
a fala com seus legumes
e câmaras;
a fala, concha de nuvem
que nos disfarça.

A fala, sim, esta fala
tão remediada
que não põe olhos
mas vidraça.

Meus mortos, como esta fala
seca ao conforto,
ou na lápide, se estreita,
gasta num sopro.

Sim, desaprendo e é tão pouco
o tempo nosso,
o tempo que rói da palavra,
o calabouço.

Tanto tempo a aprendemos,
tamanho esforço
e tanto nela morremos,
mas é reboco.

Meus mortos,
vós com silêncio
e eu, com meu corpo.

LIMITE III Meus mortos, somos ligados
ao mesmo monte.

ORDENAÇÕES ■ 193

Porém, o que nos separa
é o estar adiante.

Não vos atinjo
e esta distância
é que me torna cativo.

Há um invólucro apenas
a ser quebrado.

Meus mortos,
há um invólucro apenas
e os sonhos vastos.

TRILHA

IV Caminhai: dura é a ida,
breve nossa volta.
Por andanças colhemos
o ar e o mais, à solta.
Somos reinos: vivemos.
Ai de nós, somos reinos
vazios de tanta coisa!

Ai de nós, ai de nós
que desertamos
e fruímos a vida
nos subúrbios!

A esperança, com o joio.
A morte, ao fim de tudo.
Caminhai, pois. À volta
roda o mundo.

A ESPERA

A espera, a espera, a espera,
gata
na varanda incauta.
Coragem de permanecer
à espera da cela,
à espera da guerra,
à espera do poema ou trecho de poema,
que virá avassalando todo refúgio,
toda lembrança,
virá, tampa de misericórdia.

Não sei outra linguagem,
outra vargem.

Só a espera, quadrante na infância,
esbulhada, renegada, carregada a esmo,
revolta de insônia.

Esperarei a morte
e juntarei meus estandartes,
meus galardões refeitos,
deitar-me-ei nos eitos,
à espera indormida da amada,
fechada em si mesma e deitada,
batalha das ambições e eu guerreiro,
deitado nela, a espera,
jazido definitivamente,
posto nela como numa parede
branca, necessária, sem epitáfios
ou tábua de logaritmos, desconhecido
e desaparecido no estrangeiro,
sem razões de estado.

ANDANÇA

Coração, quanto é pesado
o som de teu orgulho,
a trompa
que nos põe, caça avistada,
em fuga.

Aves à sirga de um beirado,
sequiosos, andamos.
Somos muitos e poucos.
E por tal contentamento
ou desengano,
ardidos, não saciados,
restituímos, andando,
aos ventos,
o que nos vem do longe vento.

CONSIDERAÇÕES
SOBRE O JOGO

Joguei o que não tinha,
até o escasso, o parvo,
o descalabro,
o que saltou da ira.
Joguei.

A quem pertencia,
não sei.

ORDENAÇÕES ■ 195

E o que fazia
era áspero
tal a margem
de uma praia
ou algum crime de origem.

Joguei a tua,
a minha vida
no olvido.
Mas quem bateu à porta
fui eu.
E quem chorou no ouro,
passou.
E quem jogou no tempo,
perdeu.

Joguei a memória
na escória
e esqueci.
Quem se lembrou
estava longe.

Cartas não jogo,
nem jogarei
no ás ou na espada,
na paz. Em nada.

Este é o baralho do mundo.
Nele sobro
cada vez mais fundo.

A PAZ

Nunca terás
a paz.
Por mais que a busques,
com ou sem funcho,
brota o quintal.

Pobre de ti
que a procuras.
Bebes o ódio
na tua cuia.
Comes o ódio,
bolo em fatias.
Quem te visita?

O ódio sempre,
adulterino,
bichado dentro:
flor, passarinho.

Palmilhas tantos recintos,
edifícios, labirintos.
Só a paz não te acompanha.
A paz não gera teu filho
e se corrói com tua fama,
com teus talheres, domingos.

Buscas o que te busca.
Escutas a lamúria, sem telégrafo,
dos que a esposam, viúva.

Nunca terás a paz
nos sótãos do tempo,
sob o lençol do sol,
amada escura.
Renascendo, vivendo,
castidade dura,
nem o amor te dará
o seu intento.

CONSIDERAÇÕES
À BEIRA DO CAFÉ

Estou para inquirir, mas não pretendo;
pois de tanto inquirir,
a morte vem no que eu esqueço.

Vou beber o café,
antes que levem a taça
por deixá-lo esfriar no pensamento.

Vou beber o café mais cotidiano,
o café da conversa
à beira do "sim" e do "não",
o café da trapaça,
à beira do rio sem aroma ou cor,
em que mergulhados, devemos
transpor ou secar.

Sim, não tenho antepassados
na chuva dos séculos,
nem, por acaso, na Penha.
Sou meu próprio ancestral

na montra de hoje,
casado por vocação,
com parceria
em tudo o que existe
porque existir
é minha casa de móveis.

E todos sabem o motivo
de eu ainda estar vivo.
A inquirição. E se houver,
não terá começo, nem fim.
Será feita sem mim.

Será feita: é a ordem oficial,
pacífica. Será feita
na praça, no patíbulo,
na forca.
Na morta.

Depois pensem no bem da república,
no bem dos que se foram
para as regiões úmidas
prestar compromisso de esquecer.

Bebo o café. É tão precário
o sabor do esquecimento
que se mistura ao tempo,
ou sem ele; é tão precário
que o engolimos, com o café,
até a náusea, o aborto.

O VAREJO E
SEUS BALANÇOS

Fechado para o balanço
no varejo de estar vivendo,
comprando e vendendo,
comércio do tempo,
peso as minhas ambições
na balança da morte
e sou tão estranho a mim mesmo
que me pareço outro.

Fechado para o balanço
de todas as covardias
e os atos heróicos — tão poucos —
coordeno as aptidões
e as linhas de fogo
sem armistício.

Coordeno-me nisto
porque o equilíbrio
é uma camisa-de-força
em meu corpo
e não tenho onde pôr
as roupas da ambição,
a não ser na mala velha
do sótão da infância.

Fechado para o balanço
de viver ou esquecer.
Fechado.
E ainda julgo-me eterno,
filho de outros pais.

Desapareço e julgo-me eterno
porque o chão não me digere;
minha matéria é pétrea,
o tempo não me demove,
minha matéria é pétrea
como as coisas não nascidas.

Desapareço e me refaço.
E eternamente transmudo o mudável,
mantendo-me essência, azenha, árvore.
E por descrer em mim
estou acreditando, acreditando
no abismo.

Exterior, como a fachada de um prédio,
nasço e morro, ao mesmo tempo,
vaso comunicante de tudo,
nasço e morro na pele e nervos.

O eterno é isto:
fechado para balanço.

O GASTO

Tanto me limo
e me gasto, incessante;
tanto busco o arrimo
de coisas distantes;
tanto bato no ritmo
do que se nega ao ouvido,
tanto, tanto, tanto
que agora, bato

no rosto das horas,
com teu desânimo.

Mas não levanto as narinas,
o novo sopro,
o tampo.

Não levanto nada
de meu tempo,
nem os pregos,
os pêssegos,
o instrumento de cordas.

Tanto me limo
na madeira,
na saliva da guerra.
Tanto me limo
nas discussões estéreis,
nas disciplinas,
na política criminal dos vivos,
tanto, tanto, tanto
que agora, mato
todo convívio.

Sim, eu extremo sempre,
na ponta de todos os códigos;
extremo nos recursos amigos
e também nos inimigos,
mato e tenho razões de ética,
parentesco, solicitude extrema.

Não invejo ninguém
e se invejasse
pensaria nos homens medidos, certos,
com etiquetas perfeitas,
pondo em prática
a arte de fazer amigos.
O chapéu na mão correta
e sempre limpa.
A fatiota ajustada
aos melindres do passo.
A fatiota e o resto
como um gato de estimação
asseado aos domingos.

Tanto me limo
nos projetos esparsos,

no passaporte da viagem
que não faço,
nos inquéritos,
nos méritos de meus trabalhos
adiados
para o final cansaço,
tanto, tanto me limo,
tanto me gasto
que até me mato.

CONTRATO

Não contratei com a vida.
O que a ela me liga
é uma conquista de viver,
é uma fúria aprendida
ou jamais aprendida,
mas que gosta de ventar em mim.

Nunca segui cláusulas,
normas de existir.
Deixo que outros as cumpram
ou descumpram,
em artigo de morte ou vício.
Deixo que os contratantes
tentem apanhar a vida
em desídia;
ou busquem levá-la
aos ombros, na garupa
dos próprios escombros.

Não contratei com a vida.
Se ela me deu temores, desespero,
não me queixo, nem combato.
Não uso a legítima defesa
para impedir seu parto.
Culpa não tenho
deste amor em desgraça,
deste amor sem casamento.
Que ela cresça em mim,
cresça e se desfaça!

Não contratei;
o estado de graça
é castigá-la
com merecimento,

desamarrá-la das horas,
matá-la em nós.
E continuar vivendo.

DAS MEDIDAS

Todos me avaliam, mensuram, somam
os atributos e os glóbulos.
A cabeça e justamente os olhos.

A lucidez me dói
como um revés
de não ser nada disso,
de não levar o chapéu nos comícios,
o chapéu do argumento nítido
que cabe na frase ou na testa.

Medem-me, terreno
a ser comprado e arado.
Somam-me
na regra do sabre
ou na coronha
dos princípios nobres.

Não valho o que me pagam.
Não valho nada. Sou álamo
na praça, asno de encomenda
e para que sirvo
senão ser álamo e asno,
montado, desmontado
pelos deuses que fardo?

Não valho. E não aceito
o que me pagam.

DO PENSAMENTO
E SEUS LANCES

Atiro o pensamento
na gangorra, no bruxedo,
na pandorga,
no Conselho de Ministros.

Em vão persigo
esta forma de clemência,
este rosto de inimigo,
esta retida violência,
havida em vão, desistida.

Pensamento bem-nascido
é sempre sósia de outro,
entre os vivos
ou entre os mortos
carpindo.

Pensamento em gesso
ou na estampilha,
comigo.

Atirei-o.
Não mais desejo
retê-lo
como uma bota de preso.

Atirei o pensamento
na agonia,
no retrato
de um parente.
O pensamento
dando voltas em si mesmo,
como um tonto
nos corredores do tempo.

Depois, o perdi na rua
como um lenço.

CORRESPONDÊNCIA

Esperei aquela carta
com sua letra de arca,
com sua letra pesada
e os rebentos.

Eu, retido
no que finjo,
esperei com o pensamento
e é como sentar num barco,
que só anda quando há vento.

Muito tenho esperado
aquela carta e a data
de seu responso,
dos funerais que ela marca,
do pensamento que leio
nas suas linhas caladas.

De há muito tenho esperado
na Cúria da Santa Madre,
no correio dos litígios.

Quando vem
a sua tarde,
a carta arrulha
na árvore.

A carta
ou quase-carta,
a sombra da carta,
com seus pertences
me invade.

CONSIDERAÇÕES
SOBRE A FALÊNCIA

Imprevisto é o sorriso.
E no imprevisto deus, o deus perdido,
o que ficou no atraso, sem recibo,
o deus expulso de seu paraíso,
por golpe de estado.
O deus, o deus. Que deus?

O que amamos com ira.
O que inventamos, hábeis.
O que levamos na carroceria.
O que lavamos com o mar.

Imprevisto é o sorriso,
o cargueiro do ar, o ríctus.
Imprevisto é o sorriso,
quando falimos.

Museu de órfãos e ausentes,
há sempre um deus de crina,
quando falimos.
E a alma pergunta
em cada coisa,
quando falimos.
Esconde o que não ousa.

Usamos a matéria de amor
no paletó, no cós da calça.
Com matéria de amor
bato o refrão,
a possessão e seus confins,

o negro cão movido por meus fins
e o mais que abdiquei ou pretendi.

Imprevisto é o sorriso
e falir é previsto
como as culpas e os vícios
e seu dicionário
tem palavras de crise, crime.

Com matéria de amor somos sublimes;
com matéria de amor se abre o reino.
Com matéria de amor nos destruímos.
E falimos sem remédio ou prêmio.

Afinal
não é questão de método
ou métrica,
emprego de capital,
civismo.

Falir é esquecer a vida,
largando-a, incômoda,
em nossas dívidas.
Depor as faculdades de ir e ouvir
num armazém
de secos e molhados.
Esquecer partindo
ou partir esquecendo
pela metade, em partes
ou rendimentos.

Não vale o crédito
de haver vivido;
falimos
com altos méritos.

Não vale o nexo
desta peleja.
Nem vale o espectro
de haver morrido
com os deslises
de quem germina.

Ninguém nos salva
desta falência
de estar na ceia
sem ser conviva.

Quem não faliu
que o diga?

Quem não faliu no pecúlio
ou na bolsa de valores,
no amigo, no inimigo,
com orgulho,
quem não faliu no curtume,
no sindicato, no áspero,
no aço do assassino?

Quem não faliu no equilíbrio?

Falir é tudo o que existe.
Imprevisto é o sorriso.

PURIFICAÇÃO

Coarar as emoções,
junto às camisas e lenços,
secando tudo isto,
para os poder usar no serviço.

Coarar as emoções
febris e as elevadas
na grama ou laje de viver,
no quintal,
lavando estas peças
do bem e do mal,
amontoando-as
na bacia, ao fundo.

Talvez o sol.
Antes que tal suceda,
que as paixões sequem
e o medo e os pressentimentos
vindos, amiúde,
no tecido que fomos e somos,
as Parcas entrarão
para dentro do inverno
e nós esperaremos,
a depender do tempo,
do barro, dos elementos,
a depender de fios, atavios,
céu, inferno,
a depender da sorte
que nos recolhe
ao balde.

A alma! Que o ferro de engomar
a desenrugue dos erros
e ela se limpe, ao menos!

Que o ferro alise
suas ênfases, tropeços.
E trace as imagens
nas emoções mais velhas,
nas que foram pisadas.
Esquecê-las!

O ferro de passar
no mundo inapreendido.
Depois,
coser botões caídos
ou quem sabe,
coser os símbolos
e a jubilação do dia.

Que a alma, ao menos,
saia sem vincos!

VIDA ETERNA

Esperança na vida eterna.
Movo os livros, respeitoso,
como em palestra,
o ancestral cativo
de piratas ou descido
até o porão de tudo,
pelos símbolos.

Movo-os, vigias
de um mundo sobrevivente
ao dilúvio, ao fogo
do juízo final,
com a cabeça rota
de investiduras e concílios,
meneando ainda,
no tribunal de presságios
ou na câmara dos lordes.

Esperança na vida eterna.
E quando nada mais houver na esperança
como uma casa de aluguel vazia;
quando nada mais houver na vida,
taverna sem hóspedes,

teremos de forjar alguma planta
ou ave ou meras palavras,
embora as palavras feneçam
como as aves e as plantas.

Precisamos forjar
a consciência de esperar,
a consciência de estar nalgum lugar
mesmo que não haja, ou nalguma casa,
mesmo que na rua.

Esperança na vida eterna.
Movo minha consciência
neste tempo de vendas,
movo-a nos livros,
nas lápides sem escritura,
porque é preciso mover
a máquina emperrada,
é preciso mover a vida,
com nossas dúvidas,
fazê-la cambalear
com as pancadas surdas.
Movê-la, sim, de qualquer maneira,
mas movê-la
como se britam pedras.

Esperança na vida eterna.
Tenho livros a ler,
rios a transpor,
processos a gravar
tua morte como uma fonte,
a lança ao lado esquerdo,
o vinagre,
o enterro no sepulcro do medo.
O despertar mais cedo
que a aurora: vida eterna!

Só posso esperar, esperar,
noite que não cai.
Os bois da vida eterna
pastam a sonolência dos séculos.

Vida eterna,
vida eterna,
movo-me em ti.

Movo-me em teus filhos
como uma locomotiva
sobre os trilhos.

ORDENAÇÃO SEGUNDA — **FEITORIAS**

RETORNO

Voltei da morte,
órfão.
Desci as escadas
do empório;
entre os móveis
e os suspensórios,
minha alma escorre.
Que alma?

Voltei da morte;
nada enxergo
senão a vida;
nada receio
de seus conselhos.
Tudo me intriga
e sou tão velho
nesta medida.

Voltei da morte,
tão cheio de arte
e de requintes
que todo afinco
no amor é parte.

Voltei da morte.
Larga a viagem
de meus confrontos.
Espelho torto,
vejo-me nela.
Vejo-me morto.
E esta querela
de rosto a rosto,
minha alma nela,
posta num canto.

Que alma é esta,
feita de engodos
e de florestas?
Nascida há pouco,
morta num pasmo,
ressuscitada,
deixada ao largo?

Voltei da morte,
voltei a salvo
do julgamento
e outros contágios,
achando em tudo
diverso modo,
diverso enleio
e o parentesco
vazio de enredo.

Voltei da morte
tão estrangeiro
na sua ordem,
descontraído,
míope no esforço
de compreendê-la,
estando morto.

Voltei, a tempo
e a contragosto.

DURAÇÃO MORTAL

Lázaro fui e da morte
o queixo para fora
expulsei,
os cabelos que secos
cantavam com os ossos,
o bocejo
para fora da morte,
para fora de tudo
o que eu excedo.

E o podre
pleno de esforços,
pompa,
compreensão humana,
conselhos simples e compostos.

O podre
na pele vazia de civismo,
pele de combustão e confisco.

Tapei o meu retorno
de bruços, de largos
cotovelos, recurso
de explosão à gasolina,
a vapor, a noite em cima,
o torno, o torno
girante
sobre minhas peças.

Estranho à vida, tendo dela
frestas, espaldar
de cadeiras, tendo dela
a testa posta em mim,
tapei o meu retorno.

II   Há uma nódoa na vida
sem nada compreender.

Há uma nódoa.
Como repor-me
entre os vivos
que não consultei?

Como repor-me,
se a nódoa maculou
o sagrado e o profano,
se a nódoa maculou
os meses e os anos,
os amigos e os filhos?

Como repor-me
entre os vivos,
se ainda trago
o calabouço comigo?

III   Morrer, morrer durando
em prestações vincendas e vencidas,
até quando?
Morrer pelos séculos,
sem o acabamento de morrer,

ORDENAÇÕES ■ 211

a cobertura votiva,
a cal, a pá,
a sucessiva vida.

Mudarei as feições,
a dor, as confecções
de vestir ou sonhar,
mudarei o departamento
desta morte e a efígie.

Lázaro fui, tornarei
a mudar, a rodar
no veículo do espaço,
permanecer sem lastro,
gastar-me no morrer
e nunca me gastar.

A nódoa carcomida
pelos ratos, pelos dentes
do chacal, a nódoa intacta
sem a mínima data.

DEVASSA

Penetrei no meio do caminho
a selva escura, Dante,
e era tão denso
o escuro dos sapatos, o silício,
o rosto desconexo
em que me visto e avisto
sem regresso.

No interstício,
reconheci os amigos
e até alguns parentes,
o Jonas confessando
seus delitos,
Jesualdo medindo
as dívidas e as solas,
Silbion, Silbion
tirando
a fome da sacola.

Penetrei
e a arte de esgrima
não salvou meu delírio.
Tinha a ciência da morte,

a rima forte, o cheiro
da esperança.

Amei o que era posto aos meus cuidados,
amei o que o cuidado me privava,
permanecendo o rio e coisa amada.

Avancei
onde a linguagem-fera,
domada com razões
que desconheço,
é Virgílio subindo
de onde desço,
o cajado do verso
me batendo.

Não sei qual era o fim
e o começo,
se fluía de mim,
do amor que intento
ou das formas que em mim
buscam fomento.

Avancei, não como flecha,
mas com a morosidade
do que cessa.
E ali fundei o espaço
e nasci terminado
por não estar em mim.

REGISTRO

Ó vós que andais
vivendo ainda,
ponde cuidado:
tudo termina,
tudo é pretexto
para repouso,
até o gozo
desta alegria.

Ó vós que andais
vivendo ainda
e descuidais
o que é a vida,
neste concerto
o ruim e o certo

não têm medida.
Se justapostos,
não se combinam,
não fervem nunca
na mesma tina.
O separá-los
é uma descida
sem intervalos;
o reuni-los
é uma subida
em pleno vale.

Ó vós que andais
vivendo ainda,
ponde detença
na vossa pressa,
embora, às vezes,
apetecida;
ponde detença
no que começa
e não apenas
no que se finda;
ponde consciência
no que não cessa,
mesmo que seja
recluso aos olhos
de vossa idéia.

Existe um elo
neste universo
como o remate
de algum poema;
nós convergimos
ao mesmo tema,
embora outro
por trás se mostre;
a tela é a mesma
e mesma, a morte.

ADESTRAMENTO

A linguagem se torna rarefeita.
E se faz
de outra força, outra matéria
tão absorta na dádiva
que a gera,
tão sulcada na rocha

de refrega,
que andávamos,
à beira de Cartago,
o tempo e eu,
nem Dido, nem Enéas,
o tempo e seus soldados,
o tempo amuleto
pendurado nos humanos,
o tempo, eu
e além; fluindo
como os passos
que plantávamos
nesta navegação
dentro da origem.

A linguagem apenas, chifre de búfalo.
E nós já isolamos vaticínios
sem ela, sem as feras de seu uso.
Montamos tradições e outros costumes
como urtigas no muro.
A linguagem, depois, falcão escuro
não sabe onde pousar, pousa sem juros
no cofre desta busca.
Não regulo meus sentidos
como o guidão
de um moto-ciclo antigo.

Não regulo
a devassa do espaço
e sua arca,
a devassa das vastas
galerias,
com o carro das minas
sobre o dia;
a devassa de tudo,
a devassa de nada.
E Deus montava guarda
onde eu entrava.

POSSE

Imerso, sem palavra
no apogeu de um vulcão
que não secava,
a vida mal tentava
abranger-me
e me abrangia,

na proporção
que eu ao túnel
transcendia.

Imerso, sem palavra,
as velas de meu corpo
inflavam e não era mar alto.

Quem me desenhava
sem escorço ou hábito,
imerso, nesta lavra?

O amor me consertava e me nutria,
o amor me transportava e seguia,
com tamanho sabor, tanta alegria,
que não estava ali, nem me detinha
e as formas não tocavam no que eu via.

CÍRCULO PRIMEIRO

Ao penetrar no círculo primeiro
daquela eternidade que supunha
imóvel, com seus tornozelos
e os braços; ao vê-la,
como vagam caravelas,
lestos os gestos, ou na torre à espera
do amado vindo de uma vasta guerra,
antes que o pensamento se esvaziasse
como um poço ou na face
das pedras se rompesse, volvi
para mim mesmo, até com sede,
com exaustão de amor de quem pressente
estar diante de um olho sempre vígil,
de um olho permanente que não gasta,
que não se afasta de seu continente.

Não corria a linguagem nesse círculo.
Os nós da rebelião foram extintos.
Ali, perto de um rio
com águas aduncas e peremptas
a formar outro círculo no círculo,
entre bater de cílios e de sinos,
ali, Dante encontrei, Camões, Cecília,
Jorge de Lima, Lorca e mais aquém,
Rimbaud, tendo a poesia aos joelhos,
flor hostil. E todos eles,
como se o ar em partes se cortasse,

fruíam desse círculo, da fonte
de onde as formas não regressam.

Pasmei, e mudos contemplavam
as horas, moscas no casaco.

Não quis me aproximar daquele espaço
de perdas e ganhos. Não cabia.
Estava prenhe de esquecimento,
estava prenhe, prenhe de vida,
de palavras, de morte
como se um pote rebentasse.

Não cabia na margem, nem nas águas.
Rebentava de coisas não contadas
e não podia estar onde eu estava.

O círculo no círculo se abria,
o círculo no círculo fechava,
ora na Líbia, ora na Cítia fria,
como se a eternidade fora cômoda
com gavetas e roupas, ou se fora
alguma rotação de muitas rodas.

LANCE

Que lugar fabricava
com meu tanto inquirir
e sentira voar
como severa borboleta?
Aos eleitos, a dor
ampara-se em vazios
e na carne.

Sonoro ou descuidado,
a que lugar trazia
minha sorte
e nela, o dia?

Em que sítio, o medo,
Adamastor
no abdômen do sono?

Quem regia
a cena de voltas, essa arena
de homens e coisas em porfia?

Que lugar era esse,
com as prendas de um conselho
de vontades ou lâminas
no trecho da alegria?

Aos eleitos, a dor
ampara-se em vazios
e na carne.

Por lance de seus dados,
que lugar será esse
que, cessado,
não cessa de mover-se?

> *Lutar com palavras*
> *é a luta mais vã.*
> *Entanto lutamos*
> *mal rompe a manhã.*
>
> CARLOS DRUMMOND DE ANDRADE

POÉTICA

Abre a gaveta do tempo
sem etiquetas, poema.
Abre a gaveta e limpa
o esquecimento.

Tira de seu interior, os abstratos
temas, razões de antigo fervor,
cartas, dezenas de folhas:
e rolhas de idéias sem cor.

Tira os insetos da rima
ou se rima ficar: o conforto
é enterrar o já morto,
poema. Viver é depor.

Depois, cerrar a gaveta
como uma ata
e a sarça de sons, poesia,
nunca me farta.

II O poema vem de onde venho,
de sua limalha.
Na sua torrente, ando.
Não me corrói, depositário
fiel de seus transportes.

Do poema
faço a mala de viagem,
a força de construir
o que não ganho,
a força de cavar
o que não tenho.

Do poema: "o visto".
Para onde? Não disponho.

III   Cavo o poema
com meus valores;
cavo o poema,
com desespero,
como se cava um filho.

Em tudo o que crio
ou destruo;
na asa da gaivota,
na grota.

O poema como balança
entre a mesa e o pensamento.
Mais perto deste,
quando me alcança.

IV   Lutei, Jacó, três dias
e três noites
e o poema me venceu
com seu açoite.

Três dias e três noites,
lutei contra o vazio
das palavras
e a poesia
cuidou as feridas
e as lavas.

Jacó, não derrubavam
meu semblante,
na luta de antes.
Na luta de Deus
ou da morte,
o verso, o verso

repetido
como um mote.

Três dias e três noites.

V   Não te chamarei
como Éluard, liberdade.
Embora estejas
na mesma Cidade.

És conhecida e desconhecida
dos que me viram no sítio
de haver nascido,
poesia,
dos que me acompanharam
sem remorsos,
dos que amei e desamei no encontro.

Eras subterrânea
como o peixe nas catacumbas
e te portava, unânime,
entre vozes confusas.

Bandeira de muralha,
guerra de sons, conflito,
cavo teu grito
na garganta dos vivos.

VI   Fui Absalão e Davi.
Absalão no não.
Absalão no reino
que perdi.

E Davi levava-o comigo
nos incestos,
na colina,
depois das batalhas,
na harpa
em que moravas,
poesia,
sem mesadas.

Absalão fui
e sou no teu ritmo,
herdeiro

e do rei foragido.
Os oráculos preguei
no muro do espaço.
Eis o meu apanágio.

Absalão, contigo
nasci, fui teu irmão.
Bateste, bateste, bateste
na morte,
contenção, vibrátil
Absalão.

Pesava duzentos siclos
teu cabelo.

VII   Cavo o poema
nos meus guardados,
carta de terras
que não reparto.

Cavo o poema,
longe do nojo,
perto do ontem,
onde repouso.

Habilitado
pelos contrastes
e pelos ares
de meu casaco,
cavo o poema
com zelo e arte.

E bebo o leite
que vem do tambo;
cavo o poema,
cavo até quando
surgir à cena,
Davi, o campo
e o mais que teima
no fundo espanto.

Cavo o poema,
com suas sardas
e seus fonemas.

Tardo, recluso,
eu mesmo uso
de suas penas,
urdindo as teias
desta vivenda,
na noite plena.

Absalão, cavo o poema.

NOCAUTE

Dentro em pouco,
o tempo estará no meu soco,
nos músculos de meu esforço,
na possibilidade da perna,
no tronco.

Perdi todo conforto,
perdi o gosto, perdi
o carro na alfândega,
o cargo na prefeitura,
perdi, perdi altura
e não sei se continuo
ou se desço. A penúria
é existir sem apreço
do que dura,
do que fica na confiança.

Tive armazém e balança
pesando o que não carrego,
mas o tempo vem comigo,
guia-de-cego.

Dentro em pouco,
recebo a vida de troco
do funcionário no horto,
no ônibus,
ou na esquina
de uma avenida sem trânsito.
Recebo-a, com humildade
canina,
com elegância de trato,
cuidando em vestir o fato
mais adequado
ao exercício do encargo.

Dentro em pouco,
serei ministro de estado
e darei no tempo um golpe
capaz de pô-lo nocaute.

Dentro em pouco,
o tempo fará endosso
a minha vida, a tua;
dentro em pouco,
estará no meu soco.

TESTAMENTEIRO

Testamenteiro sou de alguém que escondo
no gesto do chapéu, no andar de ombros,
no cumprimento lerdo, retraído,
de quem leva pela mão os seus sentidos.

Testamenteiro sou. Hei por primeiro
ponderações a ouvir
para depois erguer o valimento,
a carta de alforria, aos súditos
leais. E o banimento no estrangeiro país,
a quem o quis.

Testamenteiro sou de alguém que nego
com motivos expostos, nos impostos e arreglos,
na gravata alinhada, no recesso do reino
mas nunca no recesso de mim mesmo.

Testamenteiro sou, sem ter querido
ou buscado na corte. Sem brasões
d'El Rei, senhor dos condes.
Vem do berço,
cujo fundamento é ser intenso
nas feições que sustento,
entre mim
e as Colunas de Hércules,
entre mim e o regimento das capitanias.

Testamenteiro sou e se acaso
em meu porte repararem,
verão
que trago alguém nos traços
que não é pai ou irmão.
Nem tão pouco minha mãe.

ORDENAÇÕES ■ 223

É alguém que ignoro
e que, no entanto, sei
e para meu decoro
é alguém que sepultei.

PEDÁGIO

Preocupei-me com a alma
e por que não, se um dia
ainda irei desposá-la?

Preocupei-me. Andei
no escritório, no foro.
Às partes atendi
com mínimo socorro.

A alma se agitava,
lebre acossada.

De improviso, confio
na sua eternidade.
Somente, de improviso,
conheço-lhe a idade,
a madurez do riso.

Preocupei-me com a alma
que não se pertencia,
adjunta, coeterna
ao bem, ao mal e à sua
invejosa fortuna.

Preocupei-me com a alma
e não paguei pedágio
de agora, transportá-la.

II Armei a alma; era tão potente
seu respaldo.
Armei a alma
como se munisse algum soldado.

E a alma convenceu-se
do alto estado de treino
em que se achava.
Saiu de seu condado,
de sua farda.

Eu, que a havia renegado
ao esmo do corpo,
sobrante de nojo,
nutri o cão, o não
e armei a alma.

Sou homem do mundo;
em recintos fechados
pus o ritmo, o registro
do que é vindo e passado.

Ia lento na alma,
ia veloz no corpo.
Penosa a caminhada
de quem não faz esforço.

Penosa a caminhada
da alma neste corpo.
Penosa a caminhada
da alma no que é morto
e nunca tem entrada,

Ia lento na alma
por entre dormitórios
e círculos de ferro.

De mundo em mundo, erro
com meu rotundo corpo
sem poder desvendá-la.

Façanha temerária,
sem qualquer adiamento,
sem lacunas no erário
ou público orçamento.

De vida em vida, erro
com meu corpo de farsa
e sempre se fragmenta
a alma no que toca,
no que se arregimenta
e nunca desemboca.

Ia veloz na alma;
o corpo era a pausa
de solícita harpa
de bruscos andamentos.

Ia a alma sedenta
de uma alma mais tensa;
do corpo que não volta
na alma que não chega.

Ia lento na alma,
Ia veloz no corpo.

ORDENAÇÃO TERCEIRA

DO MUNDO

PRELIMINAR

Entro no mundo: sou nele o que me falta,
Sou nele, não a arte mais cordata,
o mais avaro engenho,
Sou nele a sentença onde condeno.

E o mundo encontrou-se por inteiro
naquilo que falhou, naquele veio
de dor. Não era o que guardava,
o que fechava em si como uma draga.

O mundo — este processo
sempre em pauta
e julgamento. Nunca marca
no rol de culpados. O mundo
não consagra os seus súditos.
Não consagra o que provém
de alheia flauta.

Entro no mundo e ele me separa.
Tomo-me inscrição de seus pesares,
do baralho de cartas,
da mortífera faca.

OBSESSÕES

Tenho obsessões e muitas,
obrigatórias, fortuitas,
que pululam
nos porões da culpa.

A obsessão, por exemplo,
de catar palavras
no dicionário do vento.

Enfileirá-las após,
secá-las a contento
como passas ao sol
do que eu invento.

A obsessão de chegar
a tempo nos
compromissos,
nos comícios
e chegando
não ficar.

E a de ser objetivo
nos meus assuntos de alçada,
sem silogismo de horas,
sem premissa ou bacamarte.

A obsessão que me confina,
entre as paredes da sina,
é a de lucros e perdas.
Esta reafirma com destreza
a liga de uma fome
mais tardia, mais farta.
O capital e sua nostalgia
de espada em bainha.

Aberta ao meio,
a obsessão é dor
que vai
à medula das coisas
sem rodeio.
É fixa no que fixa
e tão certeira,
adulta, burgomestra, governanta
seguindo uma seita discordante
em todos os princípios indistintos.

Com tantas obsessões
no quintal,
com tantas obsessões
de bem e mal,
o mistério é morrermos
aqui, ali, no juízo universal.

NUNCIATURA

Mundo, mundo,
quebrei teus escrúpulos
com a pesagem dos músculos,
quebrei, quebrei
até onde podia,
sonhava e havia
mínima lava.

A coroa de César
quebrei. O cetro.
O deserto.

Nunca explorei terra alheia
e o que era meu
não estava por perto,
núncio de um tempo não nascido
com seus timbres recolhidos
no depósito de livros.

Nunciatura
onde a injúria
é uma fúria
de cavalos.

Nunciatura: Deus é vário
na repulsa e no reparo.
Mas aqui tão humano,
consolável,
sem uso de portões,
capaz de pôr num bolso
as transações do verso.
Gotejante, sim, honesto.

Gotejando vão as roupas,
a efeméride do morto,
as esponjas, os rebocos,
as marquises, os repousos,
a intempérie,
quando um passo segue outro
na calçada, na calada noite.

Gotejando pelos vínculos,
no vinco do rosto
como o tríduo religioso.

Quem separa ou reúne
não tem sala,
não tem túmulo.

Gotejando, gotejando
à beira das coisas,
com razão ou sem razão,
gotejando sobre a lousa
própria ou não,
ou de algum parente longe.

Gotejando, meu irmão,
sem saber por que e quanto,
pelas faces, pela boca,
pelo torso gotejando.

DIVERSIDADE   I   De novo — o mundo.
Não sei como
cheguei a ele.
Se nasci ou vindo
por expensas de um sonho.
O ônus foi só meu.
O amor não cogitava
no casaco, na alça
de meus atos.

Alheio ao que portava,
do Limbo vim,
do Amazonas ou Corinto.
Exatamente
no que mais consinto
e, por vezes, argumentando
mentando minto.

Voltei-me a ele, o mundo,
à pessoa,
a seu experiente fabulário,
aos produtos e bulas
onde repercutem
os seus dons, os seus danos:

"Ó submetido e dúplice,
pousado em teus conceitos,
nas causas que a teu peito

fluxo e refluxo criam,
preciso conhecer as lindes
de teu reino, o conluio
de teus pais e irmãos.
Preciso conhecer
para que, submergido,
não deixe de viver,
nem fique ausente,
vigiando a liberdade
no seu centro."

O mundo se moveu nos afluentes,
nas instituições e gabinetes
e ao jogo de um horário de serviço
plausível, burocrata com seus tiques,
entre cauda e estuário,
assim dispôs palavras:

"Por que buscas singrar
o que é vedado;
o que, se reverdece,
não é fruto
e fruto não se torna
mesmo a muito vigor,
muita presteza,
mesmo a custo?
Por que tentas vergar a eternidade
com o caule da ambição?
Tentas debalde.
A morte te dará o mesmo acorde
que a outros
e a memória
te esquecerá."

Não quis lhe ouvir e ouvi-lo
carecia de motivos, ouvi-lo
carecia não viver e estava vivo.
Indagar um sentido, um pensamento
enrolado conosco, em nosso jeito
de falar e esquecer. Não era tempo
e o tempo é mercenário
servindo a melhor paga
e não à causa.

O mundo é um Minotauro a se fundir
nas dobras de seu aro,

na moral enroscada
ao badalo da cauda,
nas patas de seu rio.

Quis enfrentá-lo. Senti
o feroz intervalo
erguer-se aos ares.

Confesso a mim, a ti
que o medo se entravou
nas armas da invenção,
no arremesso. O medo
engendrou o medo sob o aranhol.
Refiz-me.
Se entrançou, nó a nó.
Refiz-me do bruxedo.

O Minotauro
com as fauces se engolfou.
nas minhas margens
e lutamos nós dois.
Rolamos e lutamos
pelos dias e anos
como tômbola, tumba.

Evasivas plantei
de golpes e investida.
Há que sobreviver
aos instintos do monstro
e seus deveres.
Não sei como
cheguei a ele.
Às expensas de quem veio
socorrer-me e não pôde.
A luta é indivisível, surda.
E ele vai vencê-la.
Eu sei. Não por consulta
a oráculos de Delfos.
Eu sei. Até que o possa
resistirei com perguntas, respostas,
contragolpes, portas.
Quanto tempo não sei.
Resistirei até que o possa.
A luta é indivisível, absoluta.

II   Anos a fio, permaneci lutando
em bons e maus ofícios,
junto às repartições que me expeliam,
convertiam papéis em soluções
e estas não chegavam, nem partiam.
Ficavam interruptas no balcão,
no ar, nas gavetas da fiscalização,
na eira de processos
venturosos, gordos, abcessos
sentados à poltrona
de seus livros-tombos.

Anos a fio, transpus
os prédios conselheiros do império,
o caderno de notas sob o braço,
para a selagem completa
do verdadeiro e falso,
do justo e do injusto cadafalso.

Esperei
que um fogo corroesse
onde passei,
o suor no soalho
e na camisa,
a envelhecer os homens
e as submissas galerias;
a envelhecer as salas-funcionárias
com toda garantia
de serviço e salário;
a envelhecer o Minotauro
onde as goelas com fogo
se desatam.

Anos a fio, auscultei
nos cartórios civis
o nascimento de Teseu
que virá novamente,
em Creta,
decifrar os labirintos de zinco.

Anos a fio, fui palhaço
de circo, servente de obras,
corretor de imóveis, advogado,
caixeiro-viajante.

Anos a fio, revi Ariadne
nas autarquias da república,
em pé, nas filas do guichê
ao pagamento de emolumentos,
em jejum e penitência da carne.

Trincheiras não cavei,
cavei redutos
que irão sobreviver;
são tão poucos os frutos
quando é pequena a lei.
Anos a fio, lutei.

VIGÍLIA

Por que despertar os mortos?
Por que vedar o que os prende,
o diamante esplêndido?

Estão definitivos
aqui, algures.
Impossível molestá-los.
Mesmo dar-lhes amor.
Estão passivos
na contemplação do inexprimível.

Se os vemos, perplexos e vazios,
não os vemos: sepultos na terra
e no sono,
o trono das dominações
sobre o estômago;
aqui, algures
entregues ao universo,
ao patrocínio dos insetos.

Tristes ou alegres? Ignoramos
a exata conjetura, o equilíbrio
entre a altura deles e a nossa,
quem melhor respira e trabalha.

Movemos o cordame de sua fala.
Tentamos vistoriá-los: dormem, dormem
e são como armários
inseparáveis do frio
deste domínio falho.
Dormem.

DE RERUM NATURA

Coloquei junto ao meu,
teu rosto de batalha.
A nossa dor comum
no formulário.
Roupas poucas.
Pressentimentos vários.

A dor não importava,
não importavam lágrimas.
Enchi o formulário obrigatório
como nascer, sonhar, morrer.

Enchi o formulário
de chavões e antiqualhas
com suas plumas remotas
como quem enche o mal
num avental,
como quem enche a morte
com mais vida ou derrotas,
como quem enche tudo
e nada tem de sobra.

Enchi o formulário e as receitas
para poder dormir ou despertar,

Como ficar
entre Carlos V, o rei,
e seu lacaio?

Como ficar
entre Édipo e Laio,
sem padecer lesão
e restaurar o formulário?

A razão não importa:
a pisoteamos
com ou sem respostas.
O ramo do comércio
não importa.
A indústria, o consórcio
de remorsos.

A enfermaria aberta.
A dor aberta
e Netuno fechado
na maleta,
por entre formulários.

II   A dor é um corredor que não acaba,
não possui logradouros, mesmo sala,
instantes de pousada.
No seu ambulatório,
os episódios menores são maiores
e os relógios penduram-se nos olhos.
E em todas as paredes.

Então a dor se toma necessária,
multívoca, fluente,
sustendo o paladar no desarrimo
sob o tino do que sofre.

Custa o apego a ela,
também custa o desapego,
multa aos infratores
da república.
Custa sairmos das mansardas
onde o sofrimento se costura entre nós;
é um só contágio,
voto livre de escravos.

III   Este o tempo
em que todo formulário
é pouco e a coragem,
de borco, se compraz
a secar.

Este o tempo
de letras escolhidas
e tão precárias
que elas próprias se escondem,
avaras e bifrontes.
Este o tempo
pregresso de si mesmo
com seu formulário
avesso.

Este o tempo
na guerra residente.
A dor não conta.
Nada conta
entre palavras.
Só o crime, o espasmo,
o desalinho.

Este o tempo
em que matamos e morremos
sem teorema ou argumentos.
Matamos a lei, os dias,
os cuidados.
E pomos formulários
entre o fato e o ato.

Este o tempo
em que não sabemos
se dele preservamos nosso filhos
ou damos seu veneno.
Este o tempo de menos.
Só nos cabe vivê-lo.

IV   E vivemos.
O homem voltará
para a caverna.
É o mesmo.
Comprará ingredientes de medo,
comprará garantias
e os seus investimentos
crescerão com os cabelos,
as unhas, os rumores,
a fadiga, os receios.

O homem voltará
para a caverna.
Dirá que possui alma
no seu corpo de pílulas
e matérias de cifra.

Dirá que possui alma
imortal, quando a deixa
entre antigas goteiras,
no desvão da oficina.

Não pensem feri-lo, deslindá-lo.
Os sentimentos se adaptam
na cadeira em que se assenta
ou também ao formulário
onde exigem do homem
seus enxertos, conceitos, ornamentos.
Não ele. O formulário
é mais solene.

É o sacrário,
a pia batismal dos pensamentos,
o seu dobrar de joelhos penitente.

Anfitriões, forasteiros,
vivemos neste reino.
Junto ao meu,
teu rosto de batalha.
A nossa dor comum
no formulário.
E sem pedir indulto ao Presidente,
ganhamos e perdemos.

Até que um formulário
nos compreenda e conceda —
tão devotos —
a graça, o beneplácito
de constar
entre seus mortos.

TRANSEUNTES

Afinal quem é vivo
Ou já morto não sabe?

Quem o corpo transporta
como náufrago
ou nas vagas se move?

Não se divisa
apenas pelo corpo,
não se divisa
pelo suor da camisa
ou no túmulo,
quando o féretro é nosso.

Quem é vivo no mundo
e ainda pode tangível
murmurar que está vivo?

Não é fácil
distinguir pelo vulto,
quando o reino é tumulto.

Tateantes andamos
ou talvez nem andamos:
quem distingue
o que somos?

II   Estão vivos os mortos
concebidos num regime democrático,
numa constituição de pedra e dolo,
estão vivos, passeiam pelas ruas,
na memória,
com nomes indistintos e prenomes obscuros,
passeiam desprovidos de vaidade ou futuro,
nas praças, nas repartições do Estado,
junto à guarda civil, na biblioteca
com a *Divina Comédia* sob o braço,
no museu de história natural,
na sala do reitor passeiam
e são tantos
desprovidos de espanto
e nós tão espantados
de não vê-los,
de não lhes compreender
o rosto inteiro
ou quem sabe a metade.

Estão vivos os mortos
para além do amor,
do mercado de títulos,
da crise do petróleo,
para além da inscrição
dos papiros e livros,
ou para aquém
de uma vontade resoluta
de os poder reviver
em nossas culpas,
em nossa abstração.

Estão vivos os mortos.
Quem os entretece
na macieira dos corpos?

Estão vivos os mortos.

QUITAÇÃO   Mundo, mundo
a quitação que sou
ou não sou,
não te pertence.

E vou ao fundo
do que me vence.

Vou ao fundo
até do senso,
do extenso rumor.

Opção não faço,
nem tenho.
Optar entre viver
no muro
e morrer em paz,
optar entre mim e ti
e talvez
não poder optar.

Recuso-me portanto.

Recuso recuso
apesar do pranto,
apesar do uso,
apesar do mar,
recuso-me a estar
e não estar.

Vou ao fundo
do mortal.
O efêmero rói
nosso avental.
Vou ao fundo
sem chegar,
em galope.
Vou ao fundo
de teu corpo
como um tiro
de revólver.

Quitação não dou
nem à vida e seu desforço.
Nem a nada.
Quitação do amor.
Quitação do medo.

Quitação não dou.

ORDENAÇÃO QUARTA **ARROLAMENTO**

EXORTAÇÃO

Requeiro ao sofrimento
uma largueza, um copo apenas
de verdor. O solo
de nossa solidão
não tem mais chuva;
tudo nos corrói
em sua permuta.

Requeiro ao sofrimento
outra conduta; não mais
na humana condição
as frinchas, o balcão,
a maré cheia. Não mais,
a amena sombra, o estio,
a retirada do vácuo.
Não mais repouso. Ouso
requerer sem desafogo.
A rogo ou não.
A nada. Falsa carta.

O sôfrego recurso,
já deserto,
expõe nossa nudez.
Somos
o que nos vigia.
Somos a delação —
não delatamos.

Em vão os desempenhos
de mandato,
retrato de alguém
que se perdeu.
Somos abstratos, cordatos,
requeiro ao sofrimento
um copo de vento, um eito.

Nada menos.

ARROLAMENTO

Espero como alguém que não espera
e põe o envelope sob a porta,
com trinta anos

240 ■ A IDADE DA NOITE – POESIA I

onde os gonzos fecham.
A cabeça no som das labaredas.
A cabeça no mal.

Mas quem se entrega aos anos,
que ressecam junto ao muro
de nossa habitação?

A dor não tem odor: é cabra-cega.
E buscá-la é perdê-la.

Aos trinta anos de subúrbios,
esperei que se abrisse aquela porta,
esperei que os mortos recolhessem
em si — o sulco que há nos meses
e o frio que o sol alteia.

E o tempo enxugou-se
nos velhos guarda-chuvas,
nas galochas, nas meias,
até mesmo no meu crédito.

Mas ainda aguardo,
seguindo a idade justa,
que o envelope seja entregue
a quem eu quero.

E quando abrir a conta, o orçamento
que o dia não confronta;
quando os trinta anos rolarem
— ponta a ponta — de meus dentes,
da escova, da sacola, das bulas,
vou burlar minha angústia
com bolsos em sua blusa.
E um pano de nuvem se coaduna
com a espera.
Dói apodrecer.

Espero uma desculpa ou cumprimento
apenas de chapéu
ou se tombar na rua,
que alguém me erga
para poder nascer.

Não sou revel.
Nasço de vez.

II   Com trinta anos de rigores mágicos,
Ulisses se perdeu.
E eu, que não sou Ulisses
e padeço de insônia nas raízes,
eu que me exauri sem me perder,
jamais toquei na morte
porque estava
colada ao próprio corpo,
indecifrada.

III   Um dia convoquei teus pais
e de repente
não vi que os trinta anos
cresceram no teu ventre.
Não vi que os pais cresciam
em tempos diferentes.

Jamais toquei na morte:
estava nela, por dentro,
no casaco, no leito,
no empréstimo feito
quando o banco fechava.

Um dia convoquei
as possibilidades de um desejo.
Não o desejo
porque se distanciava
a tiro de espingarda.

Depois convoquei
as possibilidades do medo.
Não o medo
porque foi alvejado
com meu dardo.

Um dia convoquei a timidez,
o enfarte, o lado esquerdo
de tuas ambições, o primeiro colete,
o cordão umbilical de tua sede
e tudo se explicava
entre o meu nascimento
e a coisa amada.

IV Não concordei
    com os termos da empreitada,
    apesar de esperar
    como quem lavra
    o sítio de sua casa.

    Não concordei que os mortos
    enterrassem com eles — todo o espaço,
    e nos pés, este peso,
    o mais severo encargo
    de viver, a ordem
    que o silêncio não prevê.

    Por isso, a empreitada
    é conviver. Cumprir e descumprir.
    Amar e desamar. Sempre assumir
    o risco, o desaponto,
    as falhas do regime,
    o próprio crime.

    Assumir os frutos sazonados,
    os erros como pêssegos mofados
    e a merenda comida pelos pássaros.

    Assumir os trinta anos,
    corroendo a pele, o intestino,
    a aceitação, a renda, o desemprego
    e sobretudo o tédio e a velha dívida,
    e noites na varanda calculando
    o aumento de proventos.

    Assumir os trinta anos,
    sabendo que o intermédio
    é assédio da morte.

    Assumir a carteira, o malefício,
    os vícios da paixão
    e todo o não-nascido
    porque nascer é um ato de resguardo.

    Mas quem de vós,
    que me trazeis esta empreitada,
    ignora que eu morri
    aos trinta anos,

com rifle a tiracolo,
a léguas do Cartório de Registros?

Morri ao assumir
e era previsto.

V   Como é duro regrar a morte:
seus laboratórios,
a erosão dos filamentos íntimos
e ir nela
como em montanha russa,
bater nos alambrados de sua fuga,
ir nela
em velocidades e rugas.

Não ter mais audiências
e litígios.
Nem convites da alfândega.
A morte então assume,
sem mais poder adiar,
que adiamos tudo:
a lembrança, o reduto da lembrança,
o pulôver, o sobretudo,
adiamos sem saber
porque adiamos.

E adiamos nosso amor
para o outro mundo,
onde o adiar
recobre tudo.

VI   A morte ainda é pouco.
Há dispêndios
que não cabem no corpo.
Hipotecas e juros
acompanham o morto
no seu trânsito.
Debêntures florescem
na penugem da nuca.
Os ombros são pedestres
que não chegaram nunca.

A morte ainda é pouco.
As estações se gastam
no conforto.
As estações e os deuses.

A esperança já não tem mordomo,
apólices, tesouro.
A esperança — casa arejada
sem locatário ou dono,
é aonde o morto alcança
mas não sabe quanto.

Eis que é pouco
o que a esperança esconde.

Ainda é pouco.

VII   Andei entre as pousadas
que me deram
como Ulisses retorna
a seu palácio de iras.
Súdito não sou do mundo
nem corsário.

De repente,
os trinta anos avançaram,
projéteis de uma arma
que não calo.

Estou sob essa mira,
esse disparo
que me assalta muitos anos
depois de começado.
E me ataca
sem data e sem traçado.
Ataca sem paixão.

Estou sob a vigia
e sou o mesmo homem
no consumir-se,
entre os limites
das capitanias.

Como ocupar a alma
com seus lugares findos?
Como ocupar o vão
dos trinta anos,
apenas com essa medida?

E ser o mesmo homem,
amigo ou foragido,
até a exaustão
de um estampido?

VIII   Espero como alguém que não espera
bater o telefone, chamarem pelo nome
(que nem sempre é o mesmo),
chamarem de manhã ou à noite,
no foro, no escritório,
como quem chama os ausentes
compostos
em seus horários,
nos hábitos.

Se me chamarem pelo nome
de pia ou adoção,
ou de viagem,
se chamarem pelo nome
que meus ossos guardarão,
se me chamarem pelo nome real,
o escondido nome que me vai
até o sono, que responder?

O nome é expiação. Pedra de incômodo.
Preterição.

Se me chamarem
de amigo ou irmão,
de pronto, acorro.

Se me chamarem,
sem escora ou ganho,
de amigo ou irmão,
serei o meu e o teu contentamento.

Aceitarei
o nome que me dão.

IX   Bicho de arrasto e fome,
aval do que se some,
absurdo tomo,
quem move
teu cordel?

Quem move teus arestos
de solidão?
Que deus te compreendeu
no oratório, no adverso,
em tua condição?

Que feira te vendeu?
Que espaço se fendeu
com teu espaço cheio?

Quem move teu cordel
ou a ele serve,
empregado fiel?

Quem te persegue na dor
e te converte
em sua prenda ou perda?

Bicho de arresto e morte,
esta é a tua camisa
e toda conveniência;
este é o teu universo
e, ao mesmo tempo, excesso.

A nobreza te come
a partir do chapéu,
da gola, das varizes
e mesmo do prenome.
Imutável apenas
no que some.

TRIAGEM

Alguém me recebe à porta
desta região em derrota.
Não lhe reconheço
o rosto, nem o denso
impacto da sentença.
Vai uma parte suspensa
entre o real e a aparência,
vai a memória, o galope
de retirada,
vão sobretudo, caminhos
e coisas feitas de nada.

Alguém me recebe à porta
de um tempo que se acomoda

e não murmura palavra,
nem o nome, nem a data,
nem o local da jornada.

Talvez aguarde uma senha
que não conheça ou perceba;
talvez a notícia dura
para que a noite a proteja
com sua ampla cintura;
talvez o conhecimento
de uma ventura sumida
na algibeira, no leito,
durando mais por ter vida
apesar de pensamento.

Não entendi qual o nexo
ou, quem sabe, o anteparo
deste ser e os meus projetos;
nem lhe conheço os títulos.

Alguém me acompanha e segue
por ruas e corredores,
com solércia e sobressalto,
como se cúmplices fôramos
de um delito contra o Estado.

Alguém me recebe à porta
e me segue e acompanha
em vistoria ou comércio
ou abafado silêncio.

DÉFICIT

Deduzi coisas a mais.
A paixão é existir.
A paixão é cobrir
nos jornais
o silício do fim.
A paixão, meu Deus,
é a janela do juízo.

Deduzi coisas a mais.
E sou organizado
como um vôo calado
no que faço.

A arma da paixão
à guisa

de explicação maior,
expiação de dons.

Deduzi coisas a mais
nas lavraturas
e achei
a jaula do código,
a jaula inaberta.

Por que inferir coisas
a barlavento,
com seus torpedos?
Por que extraí-las
nas tábuas da ira?

Deduzi coisas a mais.
Porém, a menos julguei.
A menos amei,
rasguei meus propósitos.
A menos, a menos,
sempre a menos
colhi, e perdi.

INQUISIÇÃO

Fui conduzido ao centro desta praça.
Razões, perguntas, argumentos, traças
não acharam o trecho de repouso,
a alavanca de apoio.

Vim conduzido, ébrio ou sem sentidos,
por entre corredores
como ao Conselho dos Doze.

O que me basta, me faltava na balança.
Os pés faltavam, axiomas
de um teorema de ânsias.
A lança dos motivos resolvidos.
Não havia recursos, privilégios,
acessos de função.
Os juízes vendados me inquiriam
a existência e a origem,
os atos encobertos no meu trajo;
e como tudo em mim me transpassasse
eu morto me senti
no eito deste rio de crimes.

Não sei onde começa, onde termina
meu corpo. A alma principia.

Fui conduzido ao centro.

MOTO-PERPÉTUO

Só pararei na minha morte
ou, talvez, além dela.
Algo forte me diz
que não pararei
na raiz
de minha própria lei.

Não pararei mesmo que o crime
seja andar e o jazimento
necessário com sua pá.

Não pararei quando cessarem
os ritmos do peito
e as forjas do trabalho
que há tanto multiplico.

A alma é que importa.
Enquanto durar sua corda
pensa nas sobras
do universo,
não pararei.

Até aonde a paixão vier,
a alma se estenderá.
Não pararei.

CRENÇA

Ainda serei eterno.
Não sei quando.
Sei que a sombra se alonga
e eu me alongo,
bólide na erva.

Ainda serei eterno.
Tenho ânsias cativas
no caderno. Cortejo
de símbolos, navios
e nunca mais me encerro
no meu fio.

Ainda serei eterno.
O mês finda, o ano,
o recomeço.
E o fraterno em mim
quer campo, monte, algibe.
Mas sou pequeno
para tanto aceno.

Metáforas me prendem
o eterno
que se pretende isento.

Numa dobra me escondo;
noutra, deito.
Os nomes me percorrem no poente.
Sou sobrevivente
de alguma alta esfera
que saia de si mesma
e é primavera.

O eterno ainda será viável
como o sol, o dia,
o vento;
misturado ao que me entende
e transborda.
Misturado ao permanente
que me sobra.

ORDENAÇÃO QUINTA

FORMAL DE PARTILHA

VISTORIA

Vário como o universo,
entro na plataforma
de existir — tão compacto —
que eu mesmo vou descendo
as minas do tempo
e o denso subsolo.

Conheço o irmão e o lobo,
conheço-me, descendo
onde o sangue
e sua geografia,

é ancestral e unânime
e sou o que me guia.

II   Deixei de ser eterno,
eu — mero subsídio
de forças que não gero,
eu — centro dissolvido
por questões de prestígio,
apenas simulacro
de solidão e asco.

Eu — homem dividido
entre mim e meus filhos,
entre a idéia que abarco
e meu próprio partido,
deixei de ser eterno,
despi o exato terno,
descalcei os sapatos,
sempre andando andando,
a regiões que projeto
e são regiões que venço
com meu vezo de espectro,
com meu álgido peso.

Deixei de ser eterno
para ser a meada
de um novelo mais belo.
E vou desenrolando
os fios deste universo
sem saber até aonde
poderei estendê-lo.

RODA

Tudo é um relógio circular e ávido,
sem ponteiros (quem pode merecê-los?)
como uma tolda única, um enredo
a deslindar-se noutro. Onde a corda

(que aos poucos enforca), venda, solda
de sons que não entendo? Quem entorta
o andar, mas não emperra
como serra sempre a cortar, mortalha?

E sempre a circular, penetro nele —
o relógio ou a sorte — que trabalha,

sendo o próprio rodar, o próprio espelho
que a nossa brevidade não demarca.

FLAGRANTE

Eis a eternidade.
Tudo se bifurca
nessas amplas margens
de águas insaciáveis
onde trilham remos.

É menear de ombros?
É alvor de coisas
nunca regressadas?
Rumores de lebre
por entre ruínas:
eis a eternidade.

Nada ali se trunca,
invisível bússola,
aluvião de sendas,
corda absoluta.
O que nela esmaga
é um jorrar de nuncas.
Eis a eternidade.

Busco a outra face
de alguém que não toco
e jamais percebo:
eis a eternidade.
Um puro acabar-se
de rotas palavras.
Início de arte?
Excesso de morte?
Mudo evaporar-se
de silêncios altos.

Eis a eternidade.

BENFEITORIAS

Vejo-me ao limiar
desta demarcação
sem sotaina de ossos
ou qualquer consórcio
que se prenda ao espaço
onde o amor me move.

Sei que pouco levo:
levo a insuficiência.
Tudo em mim viaja,
viaja-me o silêncio
como uma pancada
de vespas e clavas.

Aqui toda pressa
me detém na entrada,
é um jato de água
que estancou na queda.

Aqui toda a pressa
é um jogo de dados;
quem atira e acerta
encontra o recado
que a vida não deixa;
toda a pressa
é dispersa,
baralho
largado à mesa.

Aqui toda a pressa
se entreabre — tampa
que aos poucos guardasse
os subúrbios, as lâmpadas,
o sol da outra face.

Vejo-me
às antecâmaras
das idades,
onde os bois e cabras
têm lavor intenso
e as coisas vivem
infensas ao controle
e à nossa impaciência.

Às antecâmaras
das coisas: o liço,
o jejum, o censo,
hectares de farsa,
rateio de ventos.
Elas se equilibram
ou talvez me inventam?

Salvo-me, tropeço?

Tudo nos transpassa
ou nada nos salva?
Salvação é falta,
sobra, complemento
ou mero acidente
de existir.
Tudo nos oprime;
mesmo na eternidade,
vige o crime.

Condenação, condenação?
Consinto em resistir.
Para tamanho amor,
esta inocência
do tamanho do fim.
Condenação, poema;
irmãos, condenação.
A eternidade é apenas
o que ficou à mão.

COMPOSSE

Encontrei o humano
— o seu rosto inteiro —
não somente traços.
Já posso tangê-lo,
posso conferi-lo.
O que nele sente
é o estar ausente.

Não sou o relâmpago,
ou da terra a esfera:
cada gesto é um resto
que não nasceria
desses atributos
ou desta catarse.
Sei que tudo nasce
quando é humano o dia.

Onde a lei que rege
tamanha alegria?
Onde as tábuas do homem
as chaves da vinha?
O que arbitramos
com legiões de regras,
às vezes — tão cegas
e outras — tão severas?

Encontrei o humano,
encontrei os seres
frágeis e variáveis,
que me são espelho.
Mas de quem o reino?
Como inventariarmos
tanto latifúndio
se moramos nele
cada vez mais fundo?

Livro-me do cerco
que a posse me estende.
Encontrei o humano
com a idade da noite.
Caminhamos juntos.

Uma nova ordem
há de ser mantida:
as coisas do homem
e as coisas da vida.
Nessa relação
de bens em partilha,
tem prioridade
o que for da vida.

Sei que tu persistes,
alma, complacente
vendo as coisas soltas
na fria corrente
de um rio sem leito,
onde as águas grades
a fluir nos prendem!

Sei que tu persistes,
sem vazão, ó alma,
na decisão
de vestir as coisas
com nossa razão,
tu que não repousas,
penosa alavanca
entre o sim e o não!

Rio de brevidades:
os nomes se vão
a um lugar de aves
para a migração.

Eva, Pedro, João
irão separar-se
de seus locatáriós.
Seremos anônimos,
seremos chamados
pelo que nós somos
na casa de cômodos.

A morte, o perigo,
as perplexidades
não entram comigo.
Ficam noutra parte,
restam na soleira
dessa eternidade.

REDE

A hora de nascer,
hora de ondas,
hora resoluta
cabendo
num baú de argumentos,
coordenada, absorta.

A hora de perder-me,
hora de sonda
em que rolando vou
nesta libré.
Hora-redonda.

Livre o animal
de nosso mal
ou escravo.
Como pugnar
tambor
nesta demanda?

Hora-varanda.

DESAFIO

Ensalivei o canto
na salsugem do ferro.

Ensalivei o canto
na solidão da espada.

Ensalivei o canto
na paragem das velas.

Ensalivei o canto
nos erros e no ódio.

Agora está me dando
o dia mais precioso.

Ensalivei o canto.

RESGUARDO

Todas as coisas são simples
e cúmplices. As coisas são
unidas no mesmo tríduo
de silêncio e aluvião.

Mas quem quiser despertá-las
no transe que as veda,
será preciso tocá-las
para abri-las em metade.

II As coisas se resguardam
de nossa cortesia,
urdimos o contorno
e elas se esquivam frias.

Tão ávidas de engano,
ao mesmo tempo, esguias,
são damas que têm dono
em quem as tripudia.

As coisas se resguardam
de nossa cortesia;
no seu recesso puro
o amado ali porfia.

É melhor não trazê-las
como damas cativas:
a posse é o desamparo
de quem nelas confia.

EXCESSO

Há em tudo um começo,
no sol, no ar, no aberto.
Há em tudo um começo
que se abandona, havendo.

Eu mesmo me conserto
na proporção que entendo.
A vida é o meu gesto
de flagrá-la, dispêndio

de não amar o excesso
ou me exceder, amando.
Amar o rosto certo
e o rosto que renego.

As coisas não conhecem
o que nelas vou pondo.

PERCEPÇÃO

Quem percebe o derrame
de signos no recinto
onde as coisas têm nome
de seres já extintos?

Quem percebe o desânimo
que portam, a fadiga
de perdurarem lisas
por mais que a morte agrida?

São o fim e o estigma.
A imortal penúria
de um deus nascendo ainda.
Qual o tempo e a desídia

dos fios que as antecedem,
das abluções adredes?
Qual a têmpera, o engôdo,
a tênebra, o encosto

das sombras que lhe engendram
o eterno corpo-a-corpo?
São cousas ou são lousas
ou louças ordenadas

numa estante de horas
que se move, parada?
São remanso, conflito,
estação de chegada?

Quem percebe o atrito
entre nós e o andamento

não andante das coisas,
provisão, excremento?

Não sei o que elas vendam
na oclusa resistência:
pátria, verão ou tigre,
ou alguma vertigem

de estranho inimigo.
Não sei o que elas fecham
como laje de tumba
ou infinita túnica.

Sei que elas são arcaicas
como o mundo. E recentes.
Feitas de uma matéria
que só o sonho acende.

Sei que de tão longevas,
nascem sobreviventes
de um legado ou resgate.
Só quem morre as compreende.

O HOMEM E AS COISAS

As coisas não se submetem
à nossa vertidura;
na máscara que somos
as coisas nos conjuram.

Por que não escutá-las,
tão sáfaras e puras,
como flores ou larvas,
estranhas criaturas?

Por que desprezá-las
no sopro que as transmuda
com os olhos de favas,
fechados na espessura?

Por que não escutá-las
na linguagem mais dura,
comprimidas as asas
na testa que as vincula?

Despimos a armadura
e a viseira diurna;

a linguagem resvala
onde as coisas se apuram.

Recônditas e escravas
na cava da palavra,
são fiandeiras escuras
ou áspides sequiosas.

As coisas não se submetem
à nossa vestidura.

ACORRÊNCIAS

Secam as mitologias, os horários,
os anos bissextos.
Secam os mistérios
da bússola, as sílabas
do dia.
Secamos, apesar das armas
e dos arreios.
Secamos com palavras
o revólver, o litígio,
as válvulas.

Os títulos secam na retina
os sonhos de minha mãe,
a descendência de família.
O humano não resiste
à pontaria.

Os títulos
subalternos, reclusos;
os títulos tapam
o poder de um justo.

Secamos o justo;
revidamos da terra,
com flor de ar,
o ajuste.
O humano não resiste
à pontaria.

Que farás
de tua virtude tão simples?

Todos tiveram eito:
todos secaram.

Um dia, uma semana;
anos que são redomas,
todos secaram.
O padre na missa,
o ouvidor na justiça,
todos secaram.

Os títulos têm lindes,
fazendas, anuências.
Demência de cordas,
escadas polidas
que levam para a misericórdia.
E a corda do amor descida
ao nó de teus argumentos.

Confluência de arestas,
o humano seca
em sua vertigem.
E a tarefa
é reter os tigres do nome
que secam — ferozes —
nas letras do alfabeto.

O humano não é um cometa
ou metáfora ou regra.
Entretanto seca.

Como poderei eu combater
esta erosão coletiva,
se contra ela somente
coloco a vida?

PERENIDADE

As coisas não são coisas, são esposas
caladas e ancestrais dentro da tarde;
o que nelas floresce, lavra incêndios
como um carro de almas convocadas.

As coisas são colégios e morcegos,
pátios de infância, mágicas, dilúvios.
As coisas se transformam: são amadas;
como um barril de pólvora, são lavas.

Quem pode dividir suas jangadas,
quem pode negar sua donzelice,
apesar de paridas, se parirem?

As coisas se transformam, não são coisas.
Recatadas às vezes, revisadas.
Alinhadas no instante com as espáduas,
sopradas pelo tempo e pela água.

Tudo é metamorfose, ou são esponjas
que emergem das contendas e laringes.
Transformo-me também,
nome já fui, agora em mim repousa
o antes e o depois.
Coisas e coisas.

MEAÇÃO

A descrição de bens está perfeita.
Tudo o que sobrou e se perdeu,
à esquerda, à direita
se refez.

Não houve absorção, houve colheita;
não houve solução ou dirimência.
Ambição satisfeita.
Ódio sujeito
a quem o engendrou.

Não houve absorção, houve colheita
de bens e de pecúlio.
Condomínio entre os vivos
e os mortos. Parcimônia de frutos.

Arrolei esta alma, estes gemidos
como se os bens tangíveis, intangíveis
pudessem navegar e assim no crível
pairasse o ar, o som, o deus
que brota dos sentidos.

Arrolei esta alma, estes gemidos,
couraça de símbolos que visto,
colada no meu corpo,
no meu íntimo.

Encilhei as palavras,
subjuguei-as.
Ordenei a memória
na gaveta
da escrivaninha.
Trouxe a morte
nos meus apontamentos,

na caçamba,
no chouto
de um potro.
De mim ela não foge,
me visita.
Concebe seu confronto.

Arrolei esta alma, estes gemidos,
o rosto água que varia
na proporção da noite;
o rosto, como peixe,
fisga o dia.

Arrolei este rosto que me segue,
o rosto do que fui no corpo breve,
o rosto da razão nesta demência,
rosto sempre apagado e sempre aceso,
diverso de um lado e noutro o mesmo.

E de tanto arrolar,
fui subtraído,
palmilhei outros reinos
e dissídios.
Eu, de tanto arrolar,
fiquei alheio.
Assim tudo alinhei,
Mestre de Armas,
e nisto — a alma,
o fogo, a referência,
os desvios do caminho.

Agora a meação dessa partilha.
E seja o amor o cúmplice;
o gozo dos quinhões,
dádiva sua.

Quando há coisas do amor,
a morte é espuma.

TESTAMENTO

Testamento não fiz.
E toda a consistência
de a tempo procedê-lo
é ser ou não feliz.

Testamento não fiz.
A minha amada
saberá prosseguir.
Um documento
não tem bens de raiz,
é como o vento.
A meus filhos deixo
uma espécie de tempo
capaz de transcorrer
sem passamento.

Estou lúcido, embora
não haja remos
no meu pensamento.
Testamento não fiz
mas minha competência
é estar na vida
mesmo não estando,
com o muito que ela ensina
e o pouco que aceita.

Não deixo testamento.
Favores desdenhei
nem fiz por merecê-los.
Os bens de uso vão-se;
um bocado conosco
e outro, com os herdeiros.
O passado, o presente
é sempre o mesmo prêmio:
viver é ser constante.

Competência não tenho,
salvo a de transporte
dos meus e dos teus dotes.
Todos os passaportes
e cartas de viagem
passaram na embaixada.
Mas por ser estrangeiro
de corpo e de mar alto,
testamento não fiz
e nem posso fazê-lo.

E vós cujos corpos
do mar processo e julgamento sofrerão,
do mar ou de outro tribunal,
este é o vosso real destino.

T. S. ELIOT, *Quatro Quartetos*

Na verdade, cada um é um pouco culpado.

SÓFOCLES, *Antígona*

Eu me recordo
que havia em meio a ilha um tribunal.

JORGE DE LIMA, *Invenção de Orfeu*

ADVERTÊNCIA

Se buscais suprimento
ao processo corrido
entre o chegamento
e o pousar intemporão,
desisti da oblação.

Se buscais suprimento
ao ato de banir-me,
vendido e condenado,
sem aviso e valia,
apeai-vos da montaria.

Nada sou, nada tenho,
senão o que me exime
do veneno.

RECONHECIMENTO

Saio de mim e do convés,
onde padeço.
Escusas não as peço
porque vim.
Ultrapassei a fronteira,
sem passaporte ou visto,
sem porte de arma
para o que trago comigo.

Assim resisto.

LINHAGEM

Não tenho nobreza,
não tenho nobreza
nas curvas do sonho.

Mas em mim.
No que vem
além
e me garroteia
o fim.

COMPARECIMENTO

Compareço
do leito ou da pedra,
com pólvora em todos os sentidos.

Compareço:
gatilho na ponta dos gestos,
em fogo e bala, à espreita.

Compareço e me vou.
Aceitei por condição.
Não oculto
as linhas de loucura
que me lutam.
Rebento em pleno vôo.

Aqui estou
por própria culpa.
Possuo o desespero
residente
naquilo que construo.

Não recuo
dos deuses. Enfrento
o seu semblante satisfeito,
rejeito
a luz e o erro,
com a mesma carnação
e o mesmo jeito.

E se a recusa vier de vossa parte,
vivo em metade,
vivo separado.
Não pretendo ser salvo.

Vivo explosivo, áspero,
mas vivo.

E sou meu próprio alvo.

QUALIFICAÇÃO

Não venham com razões
e palavras estreitas.

O que sou sustenta
o que não sou.
Por mais grave a doença,
a dor já me curou.

E levo no bordão,
o campo, a cerca,
as passadas que vão,
o rosto que se acerca
na rudeza do chão.

O que sou
é dar socos
contra facas quotidianas.
E é pouco.

DO TRATO COM A VIDA

Uno a embarcação
ao porto
e canto a convulsão
de um ser extinto.

Amo o sangue
que me crucia e doma,
com seu ferro.

Não espero
dos deuses,
pois engendro
o deus que me transfere
a solidão de ser
meu próprio invento.

Sou poeta,
formo o ciclo do tempo,
onde me enterro.

II E vós quem sois? Vós que mostrais o orgulho
de monarcas sentados em seu trono e a ambição
de um jorro que se extingue. Quem sois?

Nada transpõe vossa usura,
nada transpõe a vaidade
das gazelas, com rosto de cavalo.

DANAÇÕES ■ 271

Vós que desprezais
do canto, a mina;
do tear da vida, a linha,
quem sois?

III Se mostrardes
a erosão do dia
nas carroças,
concordarei com o sangue.

Se mostrardes
o término do jugo e sua máquina,
calada e represada,
concordarei com sangue.

Não.
Não pactuo.
Não pactuo com o numerário das serpentes,
tentando violar a talha da nascente.

Não pactuo
com as garras
e o estômago encurvado
deste animal em desuso.

Não pactuo
com a turbulência fátua
da morte e o senhorio
que nos arrasta.

Entre areias sepultas,
estreitado na erva,
odiai-me fundamente.
Não pactuo.

Brotando das idades,
arbusto,
levedado no mundo,
odiai-me.

Sou vosso vômito profundo.

APREENSÃO Procederam a apreensão
dos instrumentos seguintes,
encontrados juntos ao réu.

O chapéu
e a velha máscara,
que se gruda contra a cara,
ruga.

As idéias, ostras
na garrafa, impassíveis sob
a aba.

O casaco e a camisa,
a vendarem-lhe o peito,
catapulta de pássaros,
onde o inferno
late, uníssono.

Os livros,
com moscardos sobre a borda.
Neles vagam javalis,
presos à cauda.

E, por fim,
os orifícios dessa fé,
aguçada, calcinada,
mas em pé.

DA DELIBERAÇÃO
IMPROFÍCUA

Não quero deliberação.

Os conceitos são mortos,
os filósofos rotos
e a idéia de deus
gerou o exílio

Não quero deliberação,
nem contatos inócuos,
empurrando o dia.

Não quero deliberação.
Quero a vida
sem refrão ou bandeira,
companheira.

II Dane-se
a geração de espuma.
Sou filho da terra
que me enjaula

e atira contra a treva
e faz que nada passe,
além do braço,
casando o pensamento
à própria carne.

Danem-se os parentes,
amigos, inimigos, o que for;
não vos arrancarei desta epiderme,
o mesmo caule, a mesma solidão
nos vai ligar:
jogados somos na cadência
dos sonhos e da morte

Aqui estamos, para aqui ficar

III O mundo está pesado de palavras futuras,
que invadem casas, ruas e quintais;
o mundo está pesado de signos e escuros,
onde dormem ladrões.

O mundo está pesado de palavras futuras
ou verdades escritas;
é preciso gestos que fustiguem
e marquem sobre o dorso a passagem do mar

O mundo está dormindo;
é preciso gestos que despertem
e venham desnastrar os cavalos
da távola das árvores

NO TRIBUNAL Eu e o tribunal,
e sua fria mudez.
O juiz no centro e no fim,
o rosto girando em mim,
farândola.

Vim, com a escura coragem,
de um réu antigo e selvagem.
O que me prendeu,
lutou comigo e venceu.
Vacilava em me reter,
mas eu que me entregava,
por saber que minha chaga
estava exposta na lei.

Giram as mãos
e os pés atados. O juiz
é um vulto que eu mesmo fiz
com meus esboços. O juiz
no centro, no fim,
no tribunal onde vou,
no tribunal donde vim.

E assim me condenei
a permanecer aqui.

DO TRATO COM
A MORTE

Sempre tratei a morte
como toira pesada.

sempre tratei a morte
na lavrada.

sempre tratei a morte
como um odre.

À vida, a morte me trata
com a cautelosa pata.

II   O morto
como um móvel
na sala, de preto,
conformado e justo
no bote, coisa
entre coisas.

Seu rosto pendurado
no corpo, engaste,
disciplina férrea
do tronco, ave
empalhada no pouso.

Sempre tratei a morte
como toira pesada.

III   O morto
com seus navios
atracados por estrago;
desprovido de companhia
ou casas, anódino,

DANAÇÕES ■ 275

e que não finge
no cargo.

O morto
e as ânsias
entupidas na laringe,
moscas.

O morto
e a hortaliça no estômago,
ao reverso de tudo
sem trajeto ou porto.

Sempre tratei a morte
na lavrada.

IV   O morto e seu motor paralisado,
com ferrugem nas correias e peças,
mofo nas hélices.

O morto, troféu sem dono,
dentro do ar se infiltra
e se põe sob a tampa
do acontecido.

Tudo na pele envidra
e o regato dos sentidos
ali, não vinga.

Forço-o
como quem arromba a porta
de um prédio em cinzas.

Sempre tratei a morte
como um odre.
À vida, a morte me trata
com a cautelosa pata.

ANTEPASTO

A morte me trabalha,
enferrujada faca,
de que já sou guardião;
arca de solidão,
com ratos no interior.

A morte me trabalha,
flecha
na metade da chaga.
O que sobra
é um pedaço de ása
de alguma estranha ave,
nutrida e rejeitada.

A morte me trabalha.

II   A morte,
com sua gula canina,
incubada
como um filho.
A morte,
deixei-a, livremente,
pastar em meu terreno,
com outros animais
de outra estirpe e veneno.
Alimentei-a de feno,
tentando distraí-la, em desespero.

Alimentei-a, fornalha,
com meu lenho,
com o mantimento
da tropa, com o provimento
do trigo no celeiro,
com o fermento
dos dias e noites,
tentando distraí-la, em desespero,
pensando sempre tê-la com meu relho,
e as rédeas e as correias.

E quando nada houver para sustê-la,
darei a minha fome,
meu repouso de homem

DO TRABALHO

Trabalhar nos desdobra,
mas a obra
consome-se ao avesso.

Sobra
que deixamos nas quinas.
Tartaruga na desova.

Trabalhar, espingarda
com defeito na carga;
se dispara, a vida
se retarda.

Trabalhar trecho a trecho
fala a fala
e nos deflagramos
como bala.

O REVÉS

Esmoreço em cada passo que dou,
em cada passo me ergo,
remador,
nas águas me desvendo.

Carrego dentro do engenho
a barcaça da loucura.
Se me abandono ao leme,
sou meu cansaço e repulsa.

Caído no corredor das marés,
se não levanto,
a morte se junge aos pés,
com sua âncora.

O revés é o endereço
do voraz sobrevivente
e talvez, a recompensa
que lhe renda.

DA HONRA

Se honra é o que tocais com vossa espada
e amarrais junto a casa, como águia,
não aceito esta hora,
esta estirpe sem asas.

Esta honra já tem na aljava,
o ralo da traça.

E se desprende,
ovo
dentro da toca.

Só a morte o choca.

DA REFEIÇÃO ASSÍDUA

Indigesto, escafandro de pompas alheias,
o sortilégio é trincar
com o garfo, as esperanças
e as altas estrelas
e devorar devorar devorar
os contornos da morte.

Comida diuturna, carnívora,
exigência ancestral de vassalagem,
trazendo o que sou, pela mão
e o ente subjugado na matéria.

Acossado pelos convivas
desta refeição assídua,
cumpro a liturgia contrafeita
de assentar-se e levantar,
igual a quem viaja
e torna ao mesmo lugar.

Para que inquirir
a utilidade das coisas?
Amantar-se em cobertores e ócios?
Encarcerar-se na rotação da vida?

O que importa é digerir
a argila de onde viemos.
Quem ostenta, entre talheres,
a postura, a sóbria altura
dos sonhos?

Acossado,
farto e nunca farto,
rumino o abismo no prato.

CARÊNCIA

Apesar das plumas e o intenso arremesso,
as asas não trabalham.
Careço de peso,
mas o mecanismo da morte
não cessa,
não cessa,
caminhão e suas cargas fretadas.

Careço de feltro
nas roupas, nos atos.
Demente em perene acesso,

percorro as salas,
as galerias, o incerto
do tribunal.

O mecanismo da morte
sujeita-se apenas
ao rápido trote
de um ginete na noite.

As asas não trabalham,
galhos de uma velha fadiga,
não trabalham, aro
de uma roda curtida,
não trabalham.

Demente,
o mecanismo da morte
me alcança
como um chicote,
no tribunal
ou em qualquer parte.

O INTERROGATÓRIO

Homem ou réu, sem endereço certo
e sobretudo, pele, ombros. ossos,
mandíbulas e mãos que não regressam.

Homem ou réu, jogado de um expresso
em movimento.
Conheço-te o refrão, o rosto azedo,
a queda desatenta sobre os trilhos.

Eu te interrogo, réu. Ou me interrogas?
Arranca teu disfarce e a minha toga.
Quem ressurge no átrio e me escarmenta,
com palavras. ações e ferramentas?
E ressurge montado nos meus erros,
na minha obsessão, surdo camelo?

Sou eu em cada exílio.
Homem ou réu, responde ao julgamento.

II   Eu te interrogo, réu. E pões cilindros,
arcabouços, viseiras.
Eu te interrogo
nas pedras de tua cela.

Por que vedas
entrada ao prisioneiro?

A voz cresceu com as urzes,
em cardume.

Quem me interroga?

A voz gorou no Orco, réu e algoz,
a voz tomou teu nome e me depôs.

RESOLUÇÃO

Decidi, Alcaide ou não,
recolher a intempérie,
o bastardo em mim,
recolher as redes
da descida.

Sem tripulação a bordo,
com mastreação e brios,
Alcaide ou não,
decidi.

Não quero a cobertura
do juiz ou tribunal,
busco o que dura,
além de vosso mal.

Tirai as insígnias
desta resolução.
Com amarras detive
a solidão no quarto
e fiquei farto.

Tocai tambores, rufai
em vossos temores, repúblicas, veredas.
Ao julgamento.

Onde as sandálias
que me cabiam aos pés,
as culpas e as sandálias?

Ao julgamento,
com cuidados e reclamos,
o ânimo na carne embutido
até a borda, com seus ramos.

Ao julgamento a sede,
ao julgamento a fome,
o orgulho, a ambição, o sonho,
em julgamento. O homem
em julgamento sempre,
roda e rota,
em julgamento o medo,
o corvo, a raposa, o termo.

Em julgamento todos.
Alcaide ou não, decidi.

AOS SENHORES DO
TRIBUTO

Não vim para oferendas,
nem para impor a lei e sua lava,
temores e espadas.
Vim para dar ao homem
sua morada.

Não me cobreis tributos de passagem,
por um rio que teci com meus teares
e naveguei com remos
descidos das árvores.

Não me cobreis tributos de hospedagem,
na casa onde a vida me alojou.

Não me cobreis tributos.
Vim e me vou. Depois, ciosos,
recolham os despojos
e dos erros,
dos ossos presos ao meio,
fazei o que bem mereço.

AOS AMIGOS E INIMIGOS

De amigos e inimigos
fui servido,
agora estamos unidos,
atrelados ao degredo.

Nunca fui o escolhido,
onde os deuses me puseram,
nem sou deles, sou de mim
e dos íntimos infernos.

Não.
Não me entreguem aos mortos,
os filhos que me pariram
e plasmei com meus remorsos,
no seu mágico convívio.

De amigos e inimigos
fui servido
agora tornamos
junto às origens,
rompendo as cadeias
com o chumbo que as destila.

De amigos e inimigos
fui servido,
e com tão finada vida
e alegados motivos,
que ao dar por eles, já partira
e quando dei por mim, não estava vivo.

O DEPOIMENTO

Atendei ao pregão,
deixai vossos interesses
e desconcertos à porta
do tribunal. O que for
recebo. A dor
é fugir do enredo
que algum deus tramou.

Testemunhai a respeito
deste comboio sem leito,
onde parimos o amor,
desta bagagem que somos,
sem dono ou carregador.

Testemunhai a respeito
do vagão de passageiros
desvencilhado do trem
onde apertados seguimos
desesperados e firmes,
desconhecendo o que vem.

Testemunhai a respeito
da desconfiança que pomos
em todos os nossos feitos
e como suspeitos somos
de rapinagem e crime.

Testemunhai a respeito,
soldados sem vestidura,
expulsos do regimento.

Testemunhai a respeito
do que somos, do que sois,
neste tribunal sem tempo,
diante do julgador.

E eu, réu,
recebo o que for.

O GANHO

Dos deuses não espero soldo, nem reses.
De ganho, só meus proventos:
de ganho, o que esbanjo ao vento.
De ganho o que cava a pá.
De ganho o que faz a paz.
De ganho o que a morte dá,
dia a dia, ano e ano.

Neles não ponho linhas ou malhas,
como a peixes.
Ponho luz e ponho tento;
nenhum lucro lanço em dados.
Qual a réstia que os distingue?
Qual a torre? Qual o sino?
Vestem blusas, vestem nuvens?
São humanos ou divinos?
De que tempo o seu declive? De que sarro?

Dos deuses não espero soldo, nem reses.
Só lhes ganho o não rendido,
o obscuro, o solo virgem,
onde parte deles vive
e outra parte se redime.

DA POUPANÇA

Não poupo os deuses.
Se minha esquerda
os procura;
minha destra
os nega.

Não poupo,
embora sabendo

que sua fonte
é de água pura.

Não poupo o mal e a raiz,
mesmo que esteja doente.
Apanho o fio
que me destina e sente.

Tanjo o vazio,
com barbatanas e fibras.
Não poupo o que vibra
em mim, jazida.

Não poupo,
acendo o pavio
da dinamite ao peito.
Bracejo de jeito em jeito
na secura.

DA PROVÁVEL EXPLOSÃO

A maior danação é a dúvida
que levo, sob o braço,
como um fardo
ou no bolso.

E sempre se repete
com o mesmo arcabouço fértil.

Não discuto. O embrulho
tem as minúcias contadas, medidas e pesadas.

Pode explodir, granada,
ao mínimo descuido ou ruído.

Que importa?

Guardo-a, dúvida, intacta
numa caixa,
com infância
e demais seres e haveres,
até que a morte me faça
soltá-la. com as borboletas
da caixa.

DANAÇÕES CONTRA A
DÚVIDA E SEU NOME

A maior danação
é o próprio nome
da dúvida, não ela,
volumosa fera.

E o jugo é seu sinônimo,
sua festa de garras,
aresta zelosa entre a cabeça
e o lombo que se ajeita.

Ente
desprovido de sexo.
Ao menos o tivesses,
então terias eco, polpa
e a felicidade fácil das raposas.

Desprovido chacal, insulto
ao que é vivo e defunto,
ao que anda sob o sol
ou nas águas embarca.

Antes que a marca do que sou
te faça mal,
salta para o quintal
de teu regresso.

II Marcarei tuas garras de repasto,
sol em que me gasto.
Estéril, hás de girar
ao redor de ti, relógio.

Vasilha onde ponho os mortos,
gira e queima,
para rolarmos os dois, em loucura,
entre nascimentos e óbitos.

Corta o ódio com a tesoura de flores
e marca tua barriga,
rés na planura que gira.

Após, torna-te loba e agita
o andaime de tua coma e de tuas varizes,
até que a morte te mastigue.

DANAÇÕES CONTRA
A USURA

Não sei a que vos leva
a privação do fruto.

Não sei a que vos leva
a carcaça de lepra,
a reprimenda
que cingiu a infância.

Não sei a que vos leva
a viração da treva,
a cartilagem muda
da vértebra,
a peste que vos ceva.

Não sei a que vos leva
a gleba redonda
de um rebanho sem tamanho.

Não sei a que vos leva
a corcunda desta treva.

II Não sei a que vos leva
o hábito de fera,
os haveres ganhados,
o velório dos meses
e os interesses juntos
na usura das gavetas;
lucros e escuras verbas,
contadas e severas,
porém, sempre doídas
no armário
que as encerra.

Não sei a que vos leva
o hábito de fera
e as moradas estreitas,
onde rastejam servas,
morenas e corretas,
na usura das gavetas.

Não sei a que vos leva
o apego a esta cela,
a esta vida puída
na traça e na reserva,
e esta esquivança incerta,
capaz de pôr-vos monge
em orações e trevas.

Não sei a que vos leva
a garra em vez da pele,
o lobo que vos impele,
carnívoro e rebelde,
mas preso a esta usura,
calada e sempre curva,
na toca que a reteve.

Mostrais, agora,
a epiderme de fera,
os pêlos da perna,
alígera e parente,
na usura que se externa.

Não sei a que vos leva
o hábito de fera,
com a cabeça sujeita
ao peso da gaveta.

Não sei a que vos leva
a obsessão do lucro,
dos juros, numa enxerga,
onde a fome se deita
e come os cotovelos,
os braços, a colheita,
a penúria de um homem,
no fundo da gaveta.

Não se arrepende nunca
esta fera na usura,
digere o que no homem
é a parte mais pura.

A fera que vos cerca
a vós próprios desterra
e ficais a sós na cela,
vós, mais ferozes que ela;
com os haveres ganhados
sofreis sua miséria,
fechando-a na gaveta.

Não sei a que vos leva
a condição de ser fera.

A DOMA E SUA DANAÇÃO

Animal doméstico,
animal de festa e guerra,
homem,
preso a si mesmo pela cauda ridícula,
preso aos outros pelo movimento da pata,
não tens outra porta ou acomodação necessária,
não tens outro tema ou teorema
a modular com as traças.

Teus pais te engendraram para seres doméstico.
Uma estrela guiou tua vinda para seres doméstico.
Cresceste além da sede e da fome
para seres doméstico.
E quando pensaste atingir o infinito, com as têmporas,
ficaste enterrado num sótão doméstico.

Doméstico como os gatos e as moscas,
não pões asco de estar ali
a farejar os pratos
e cheirar por justiça nos corredores.

Doméstico e atado
pela coleira das convenções,
doméstico e fácil, satisfatório
em todos os assuntos de disciplina,
hábil na manipulação dos horizontes,
que fazer senão saber-se
passivamente doméstico,
enrolando-se nisso?

Articulas-te, entre a angústia e a esperança.
com o dorso numa e noutra coisa
e as pernas da ambição nos elétricos.

Animal doméstico,
dormes nos calendários
e a morte te desperta
no melhor da sesta.

Doméstico, até na morte doméstico.

AOS SENHORES DA OCASIÃO E DA GUERRA

A vós que me despejastes,
nesta loucura sem telhas
e neste chão de desastres,
acaso devo ajoelhar-me
e bendizer as cadeias?

E ser aquele que acata
as ordens e ser aquele
apaziguado e cordato,
preso às aranhas e às teias;

Levando o "sim" em uma das mãos
e o "não" noutra, rastejante
aos senhores da ocasião e da guerra,
ser no chão,
o inseto e sua caverna?

Corrente serei
no recuo das águas.
Resina aos frutos do exílio.
Espúrio entre as bodas.
Resíduo.

Até poder elevar-me
com a força de outras asas,
para os meus próprios lugares.

A vós que me despejastes,
nesta loucura sem telhas
e neste chão de desastres,
com a resistência das penas,
aceitarei o combate.

ACAREAÇÃO

O julgador ordena,
acareação. Esta cena
morde o amor como a um osso.
Por mais que nos lesemos,
não destrói o escuro poço.

Tropeço
em vocábulos,
coordeno
a dimensão polida
das uvas e vinhas.

Porém, sempre que te vejo,
adversa parte,
se reabre no peito
a ferida desta culpa.

Em vão experimento
evasivas e lenços.
Implacável e aberta permanece.

Em vão tento saná-la
ou vedá-la,
flor escusa
que rebenta.

Caio entre palavras
e pesados brinquedos.
Não resolve melindrá-la
de sarcasmos.

Só se fecha esta ferida,
quando partes.

DAS EMENDAS E
CONSERTOS

Remendo o intento
de me ser
e colho o madeirame dos escombros,
o que restou do incêndio.

Venho de outras camadas, de outras sendas
onde meus pais me injetaram
nas calendas de janeiro.
O tempo necessário
de me sair inteiro.

Remendo o ameno setembro
e caminho entre os meses,
sem achar regresso ou começo,

Onde estou? Jonas, atravesso-me
no bojo
de um provável domingo.
E a morte, cada dia, se resguarda
sob o estojo.
Assim pretendo caber-me.

O JUÍZ

O julgador foi gerado
por mim mesmo, contra mim.
Não o traí, covarde,
nem fidalgo o concebi.

Cuidei de não o reter calado
nos dias em que vivi.

Cuidei,
com dúvida e sobressaltos,
à força de estranho fado,
por fora e dentro da lei.
Até que me separei,
não sei, se por qualidade
ou vício, mas me separei
do encargo.

Agora, no tribunal,
o julgador e sua face:
o julgador do que foi,
o julgador do que flui,
e mais temível,
o julgador não parido
que ainda virá mostrar-se.

Nenhuma parte
de mim se esconde,
no foro de quem reparte
o ruim.

Tive cautela
de não secar-lhe a avidez,
mantive o julgador desperto,
mantive a luta sempre
no invento ou no processo;
com tensão e virtude
criei a insônia que pude,
sem arquitetar defesas
contra sua guarnição acesa.

Não.
Não lhe forneci redes ou pomares,
mas trabalhos e revezes.
Não ensurdeci os passos,
nem lhe alimentei de sonhos
no repasto.

Espero a sentença
como quem já pôs a mesa.
Espero a sentença apenas.

A TRAMA

Onde começa a trama
e onde termina?
Roldana sobre roldana,
a sina se configura.

Quem dirige a montaria
do ser que me abomina?
Roldana sobre roldana,
eis a máquina da vida.

Roldana sobre roldana,
nós em constante descida,
nós em constante câmara,
tripeça de um deus votivo.

Roldana que não termina.
julgamento que não finda,
o juiz movente movido,
réu e juiz nos mesmos idos.

Roldana sobre roldana,
o tribunal se desata
noutro tribunal sem data,
sem defensão e proclamas.

O condado se desmarca,
esta trama se destrama.
De que deus este recado?
Roldana sobre roldana.

Quem navega nesta verga?
Quem veleja nesta barca,
neste tumulto que mata
marinhado e marinheiro?

Roldana sobre roldana.
Quem dirige tal insânia,
este caronte, esta fama?
Roldana sobre roldana.

SENTENÇA

"Vistos.
Fulano de Tal, nascido
nesta cidade do reino,
em tempo desconhecido.

Nascido
sem explicação ou sentido,
como o arremesso de um disco.

Nascido
como quem diz uma palavra e pronto:
ei-lo lançado no andamento do mundo.

Nascido
como se planta um figo ou ameixa
e se planta
um grito na garganta

Nascido e agora,
viajor por profissão,
inquilino das coisas,
armazena culpas e velos de lã.

E eu, julgador, sentencio,
considerando o réu
e o estar aqui, opresso,
dividido na noite
que se dividiu,
como mulher no cio,
resolvo condená-lo
a viver em danação,
além do fojo de seus pais,
com avarias e receios,
entre iguais.

Depois, suspendo-lhe a pena,
para que pereça como veio."

CAPTURA

Segue, em todos os seus termos,
o mandado de prisão
que o julgador determinou
contra mim, no menor tempo
e ocasião.

Em cada lado,
a assinatura e o selo.
Em cada lado do mundo,
o que sou vai deslindado
como um trajo.

O que sou vai deslindado
em cada valo,
ou monte do mesmo nome,
com cocheiras e cavalos
e outros tantos tesouros.

O oficial,
com a mordaça, mais atiça
o logro de estar na vida,
este escorpião
e esta mordedura
que não cura.

O mandado me chega:
ovelha pega em surpresa,
cardada
sob a tesoura do nada.

REPÚDIO

Réu de morte,
réu com denodo,
cordel e archote,
desterrai-me.

Infiéis
ao eixo a que pertenceis,
desterrai-me
pelo que deixais de fazer.

Na fartura e na colheita,
desterrai-me.

Pousastes a mão de ferro
sobre a vida que não herdo,
mas pretendo por direito.
Vosso rosto não mudou,
em si mesmo se fechou,
lacrada urna.

Desterrai-me
pela paz e pela guerra;
sou o sinal que elimina
a vossa parte de fera.

Desterrai-me
com paixão e desespero,
girante em torno do todo,
como pássaro ao viveiro.

DANAÇÕES ■■ 295

Desterrai-me.

Incomodo a solidão
destes corpos que se dão
para o nada, para o chão,
para o terrível então.

Giro em torno do todo,
sendo, por isto, mais eu;
tudo o que a morte tolheu,
reverto em pesado ouro.

Sou aquele que cedeu
o melhor de seu tesouro
e mendigo se perdeu
nas próprias coisas que deu.

Desterrai-me.

Giro em torno do todo,
morcego no breu.
Giro em torno do todo
giro em torno do covo,
onde irão enterrar-me,

E usai de concisão
em colocar o tampão,
em colocar-me qual pão
para o consumo do todo.

Baixai-me, se o quiserdes,
com nojo.
Também na morte,
preciso de vosso engodo.

> *O grande cão Cérbero, reclinado.*
> *imenso no antro fronteiro, faz soar*
> *estes reinos com o latido das três goelas.*
>
> VIRGÍLIO, *Eneida*

DESÍGNIO

Um cão farejou a minha sorte
e late contra o peito onde me agito.
As patas depositam-se fortes
sobre a rocha do não: jazo no grito.

Um cão me farejou no insondável
monjolo, no pala, no calar-se,
onde a morte desfaz e a morte-haste
rebrota sobre os pêlos em desordem.

Um cão me negreja em toda parte
e morde minha paz e a eterna face
do ser que em mim depõe para encontrar-se,
enquanto a barca vem e a barca parte.

O EMBARQUE

O réu,
dobrado como vaso,
onde as urtigas se calam,
desdobrado o peito,
tábua de corais e ressacas,
vem depor o grito
e a sentença merecida.

Pagou o imposto exigido
de existir, não existindo.
Foi deposto em reino morto,
sem apelação punido.

O réu,
com os sonhos e os pés vergados
e os desvãos,
vive de estar embarcado.

TRAVESSIA

Não pertenço a esta corte.
O rei governa sem mim.

Costumava dispensar
o que bastava na grei.
Costumava devolver
os fatos que não usei.
Costumava me apossar
dos alqueires sem ninguém.
Costumava reger
audiências, louvações de praxe,
o gabinete da guarda.
Costumava.

Gastei a roupa,
o gibão, a retirada
e minha alma costurada

a esta nau, a estas cargas,
a esta duração sem falha
na esperança.
Minha alma aferrada
a este corpo, dama e escrava.
Minha alma governada
na maré que não acaba.
Na maré que só termina
noutras águas.

INSCRIÇÃO

Aqui estou, aberto o pórtico.
Serei breve no amor e no transporte.
O óbolo está pago, o dia resgatado
e a barca pronta, com seu barqueiro amargo.

Aos deuses não ouso nada,
nem compro,
senão o intervalo
de meu próprio espanto.

Carregai-me, barca.
E ainda canto.

O poeta não pode realizar
aquilo que faz o herói:
resta-lhe apenas admirá-lo,
amá-lo e rejubilar com ele.

KIERKEGAARD

Vem o vento,
vai silvando.
O vento é quando?

É depois de ter amado.

Vento cervo,
puro vento,
se mistura
com o cedros,
ultrapassa o mirante,
se mistura
a outro tempo.

Vento quando?

É depois de ter lutado.

CANTO I DE COMO A TERRA E O HOMEM SE UNEM.
OFÍCIO DO LAVRADOR

Fica a terra, passa o arado,
mas o homem se desgasta;
sangra o campo, brota o gado,
brota o vento de outro lado
e a semente também brota.

Fica a terra, passa o arado
e o trabalho é o que nos passa,
como nome, como herança;
fica a terra, a noite passa.

A semente nos consome,
mas a terra se desgasta.

II Que será do novo homem
sobre a terra que vergasta?
Sangra a terra, pasce o gado
e o trabalho é o que nos passa.

Vem o sol e cava a terra;
a semente é como espada.
Há uma noite que nos gera
quando a noite é dissipada.

Vem a noite e cava a terra;
vem a noite, é madrugada.

III O homem se desgasta,
sopro misturado
ao sopro rijo do arado.
Vai cavando.

Madrugada sai da terra,
como um corpo se entreabre
para o orvalho e para o trigo.

O homem vai cavando,
vai cavando a madrugada.

IV Que faremos se a noite
não receber o vento?
Vai cavando.

Que fazer se a manhã
tem pássaros no centro?
Vai cavando.

Que fazer se o que somos
é desencontro lento?

O homem vai cavando
e escurece dentro.

V   É duro teu ofício
de esposar a terra,
desenterrar o vento
e levedar com ela.

É duro teu ofício
de lavrador do tempo;
a morte é tua febra,
sendo túnel dentro.

É duro teu ofício
de galopar a morte,
ser pastor da chuva,
ser pastor do vento.

É duro teu ofício:
ser tença de fome,
amantar a terra
e dar-se de sustento.

É duro teu ofício
de apodrecer ao vento.

VI   O dia se completa
quando a terra se cumpre;
a forma do homem
é ser a terra junto.

Porém, que é do homem
quando a terra se cumpre?

VII   Vento vento começa
a iluminar o rio.

Porém, que é do homem?

A terra foi rasgada
e os pássaros ocultos,
a terra recurvada
sob o peso dos frutos.

Porém, que é do homem?

O arado foi jogado
na terra que o serviu;
amadurece o arado,
fica mais verde o rio.

Porém, que é do homem?

Aos instrumentos vivos
quem os vai manejar?
O sol descobre a noite
de outro lado do mar.

Porém, que é do homem,
quem o pode encontrar?

VIII   Passa o homem, fica a terra
ao vento transmigrada;
como nome, como herança,
o trabalho é o que nos fica.

Quando a lágrima se esforça
por conter a terra viva,
que é do homem, que é da terra?
Passa o vento, a terra fica.

IX   O homem se precipita
como fruto surpreendido;
torna-se noite na relha,
é madrugada no trigo.

CANTO II   O LAVRADOR E A FAINA: SALDO

Um novo tempo agora nos descobre.
O sol não é o sol,
é um olho fundo
de mãos e palmeiras
sob as águas.

Trazemos para a noite,
o que é da noite;
trazemos para o ventre,
o que é da terra;
trazemos para a terra,
o que é do vento.

Sempre caminhamos sob o vento,
sempre madrugamos sob a terra.

II   Depois nova manhã
transpõe a vida,
mas as mãos ancoradas
sobre o silêncio,
devassam nossos corpos.

A voz
de que vento nos chega?
De que tronco
nos vem
esta brandura de raízes,
como se um sangue antigo
nos quebrasse
a noite contra o rosto?

III   De onde somos
recobertos de ervas e abraços?
Os pássaros violam a manhã;
de onde somos,
quem vem para soldar os nossos ossos?

Se o ombro a outro ombro
formam juntos
a parede do trigo,
de onde somos,
quem vem para juntar os nossos corpos?

IV   A fome se alimenta
do homem
como o tempo se alimenta
do trigo.

À medida que o tempo se consome,
a terra cresce o trigo;

o trigo cresce o homem
à medida do tempo:
o tempo roca no dente do trigo.

V   O trigo
é um rio
correndo dentro
de outro rio
e o homem moinho.

O trigo
içado sobre o sol,
é mais que um rio
e o homem moinho.

O rio turge no moinho.

VI   Rio
sonoro
fio de prumo
na rocha.

Nudez arrancando
vértebras.

Tua guerra
entre raízes
e o dique:
carcaça de sol
nas águas.

Rio
metáfora acesa
nos ventos

Golpe de lâmina
no tronco
de tua ampla
árvore.

Cadeias sempre
e os homens sempre
tigres
de metálica água.

Rio
pássaro te estiras
recoberto
de brasas.

Rio
libertas
a eclosão
do abismo
em tua têmpora.

Rio
demônio exilado
de limo
nas pedras.

O sangue é tua usura.

VII   Onde a igualdade das águas
na tua carne vinhedo?
Ventos corrompem o céu
e o céu apodrece dentro.

Onde a igualdade da chuva
e onde a igualdade do vento?
Onde a igualdade das veias
no orgasmo verde das coisas?

As feras foram achadas
dentro de teu esqueleto,
a mastigar nebulosas
entre as ervas e o vinhedo.

Onde a igualdade das plantas
neste silício de campo?

Animal vergando albas
como um pasto de silêncio,
de ruído e de silêncio
em tuas veias maduras.

Onde a igualdade das águas
dentro de tuas paredes?

Vergônteo camelo rio
a sacudir os contornos
como um pomar e seus pomos.

E o teu cântaro mulher
desnudando-se nas águas?

Depois a estrutura crespa
de sombras drenando o leito.

VIII As águas sulcam o rosto
das coisas, roem
a sombra gasta dos homens.
O que a pedra guarda no covo
é puído pelas águas.

IX Trazemos para a terra,
o que é da noite;
trazemos para a noite,
o que é do rio.

O rio não nos liberta,
não nos doma,
persegue-nos ao vento,
nos consome

Somos força de terra misturada
contra a força das águas;
somos homens.

X Os rios podem atar
as nossas sombras;
o amor não nos repousa,
não repousa.

Os ventos nos estendem
junto ao rio:
a medida do amor
é nossa sombra.

XI Há um fogo maior
que nos exaure,

há um fogo maior
que nos desfebra
na terra como um rio.

A fome nos vincula à terra.

XII Somos homens
de um tempo recurvado
sob o peso do sol.

As águas estremecem,
as águas vergam,
as águas quebram no vento.
O sol estriga o sol.

XIII Quem pode separá-las?

No vento as águas manam,
nas margens se alimentam
de terra, pasto, frutos;
depois buscam paisagem,
buscam cevo.

XIV O que reúne as águas nos reúne.

Quando se inventa um rosto
e o rosto encontra
o fino fio de gume,
as águas rompem.

O que reúne as águas nos reúne.

E o gume rompe a noite,
rompe as águas;
o sol denoda o corpo
contra o vento.

O que sustenta o mar sustenta o rio,
o que reúne as águas nos reúne.

CANTO III MORTE DO LAVRADOR: INUMAÇÃO

A morte o esperava
desde o rumor de fogo
nas entranhas,
desde o rumor do tempo.

A morte o esperava
desde o sopro e a palavra,
desde o vento.

A morte o esperava,
como um ventre.

II A morte o esperava
frumento agudo,
escarva.

A morte o esperava,
larva.

III A morte o esperava,
campo
de veias e grume.

A morte o esperava.
árvore
amanhecendo rumos.

A morte o esperava,
fonte
de pássaros antigos.

A morte o esperava,
celimonte
de esponjas e trigo.

IV Noiva para a lavra,
a morte o esperava.

Amada recoberta de abismo,
a morte o esperava.

Fêmea feroz,
o corpo em lava,
a morte o esperava.

A morte o esperava
para o abismo.

V   Amor tecido planta,
que te veste
de espinhos e sarças.

Amor entrando a noite,
casta pedra,
metal queimado asas
na treva.

Vegetação de cabras
que nutres ao rio
e te desdobras
translúcido no vento.

Moinho move a noite
e o sangue brota
denso.

Os peixes se deslocam
nas raízes.
A água te separa
flor e eito.

Moinho move a noite
e o sangue brota
denso.

VI   A morte o esperava,
boi que se amarra ao arado.

A morte o esperava
em muito amor,
na medida do sol
que foi chegado.

A morte o esperava,
terra
em estrias.

A morte o esperava
para o arado.

VII   Cavaram-te até o fim,
encontraram-te a metade;
cavaram-te até o fim,
encontraram o quê?

As mãos atadas,
as mãos atadas,
as mãos atadas.

Cavaram-te até o fim,
encontraram o quê?

Estes dentes rangendo
como aldraba
contra a porta,
esta cara cortada que se alça,
o peso destas correntes.

VIII   Quem morre naquele homem
é a margem distanciada
por um remo jogado à deriva.

Quem morre naquele homem
é o veleiro de promessas
outra vez emborcado.

Quem morre naquele homem
é o trabalho posto ao meio,
a safra não debulhada
e o pesaroso receio
que sua enxada não corta.

Quem morre naquele homem
é a terra largada,
o engenho interrompido
com os braços que o giravam.

Quem morre naquele homem
é a empresa não chegada
e sua roda pesada,
é a tardança da empreitada.

Quem morre naquele homem
é a carroça marginada,
com a estiagem da carga
e os gomos do fruto sazonado.

Quem morre naquele homem
é o salário retesado,
com os animais na sanga
e os dias vertebrados
nas eiras e cacimbas.

Quem morre naquele homem
são os sonhos abortados
e moídos pelo fado
da viagem sem alcance
e duração sem lembrança.

Quem morre naquele homem
é o carreiro da esperança.

CANTO IV   DO HOMEM E SUA CASA

Nada impede,
o verde madura
por dentro.

Nada impede,
a noite se deita
em teu peito.

Nada impede,
o que nasce do homem
madura o vento.

Nada impede,
a terra te morde
de valos.

Nada impede,
és madeira
ao talho da morte.

Nada impede,
cortado do ramo,
te unes à terra.

II   Nada impede
que plantemos
o sol para o homem.

Nada impede,
cravinas e cardos
de um sol tenso e lento
na morte.

Nada impede
que o sol te sepulte
e a erva se alastre
com a força da vida,
no sangue.

III   Nada impede que sejas
terra cevada,
mais brando e mais guerra
na morte.

Sustens o trigo
que a noite adormenta.
afastas o trigo
que fica na seiva.

Nada impede,
o gesto que engendra
irmão ou amigo
é rosa de trigo.

IV   Como queres
que o dia amanheça
se o pouso do homem
não tem pão à mesa?

Como queres
que o dia amanheça
se os filhos do homem
brotam na pobreza?

Como queres
que o dia amanheça
se o pouso do homem
é uma noite imensa?

V   A casa do homem
não tem janela,
sempre no fundo
a luz se revela.

A casa do homem
à terra sujeita,
é teu sangue
e tua colheita,

A casa do homem
é teu peito,
sedimento plúmeo
sob escuro vento.

A casa do homem
mais do que sustento,
é teu campo inquieto
e teu argumento.

A casa do homem
é teu próprio gesto.

VI   Por mais que o pulso
tente separar,
a casa do homem
é de junto estar.

Tudo o que é do homem
nasce devagar;
a casa do homem
é de junto estar.

A casa do homem sabe a flúmen.

CANTO V O LAVRADOR E O VENTO.
METAMORFOSES

O vento corruptivo
põe e repõe as sombras,
revolve as cinzas
e a ramagem dos meses,
acumula cereais na rampa
e silos no tempo.

II Vento colérico,
vento
serpente, mosto crescido,
vento maduro trigo,
crestado sempre,
rosto, vento
fustigado se retorce,
mordido sempre, mordido
pelo pássaro-poente,
lobo.

III Vento que rasga
o rio
lado a lado
e se reprime
tangendo o gado.

Vento,
corte de arado,
gume deixado
no tempo.

IV O vento corruptivo alarga o cio
dos animais no verde;
o vazio é prenhe do vazio
sem o vagido do que nasce.

Tu, Campeador, refugiado nos minutos,
desce dos montes com o vento,
na verdade do inverno.

Tu, Campeador, refugiado nos minutos,
desce dos montes
e cava tua solidão
nas árvores.

V Os mortos vinculam
o que a terra frena
e vivem sempre
da própria morte.

Os mortos sentem
vincar o rio
que a vida habita
dentro do ventre.

Os mortos fluem
na terra ovo;
o que é dos mortos
é da semente.

VI O ir embora
era o traje diário,
a tua morte.

Na essência de teu sangue,
o mundo se debate e surpreende.

O leão está em ti
e não nas coisas.

VII A morte nasce no início,
incende e sofre
dentro da terra
e mais se agrava.

Não transparece,
glóbulo
entre o sol e o olho;
não se desloca,
seta no lenho;
não se bifurca,
transmigra junto,
asa e outra asa.

O que é semente
fibrila o gomo,
não se defende,
é pura e cega.

VIII   O fruto desconhece
de onde brotou,
o fruto desabita.

Porém avança
terra, raízes,
ácido vento
e leva em tudo
o mesmo jeito:
Visco doce,
sorvo de peixe,
guerra no fundo,
seiva nos dentes
de quem morde
maduro gosto.

E entrega sempre,
inteiro e puro,
turvo mistério.

IX   O fruto
retém
a marca funda
do vento morto.

Retém
a terra árdua,
densa saliva.

Retém
um sol mais verde
que o rosto esvurma.

E sempre inunda
gestos e coisas
que não retornam.

X   Depois de fruto,
toma-se vento;

depois de vento,
é terra e homem.

Só se alimenta
na própria fome.

XI Depois de morto,
mais vivo ainda,
o dia brota
se a noite finda.

Mesmo se a noite
nunca mais finda,
é dia sempre.

XII O vento corruptivo se amealha
na caserna do fogo e ali se instala
com ânsia de morder o azedo
da carne, com seus gomos,
na ânsia de romper o que no homem
é a sonda da fonte.

O leão está em ti
e não nas coisas.

XIII O que é do homem
ninguém lhe tira.

O rosto gume
dentro do gesto.

Ninguém lhe tira.

O gesto exato
dentro da morte.

Ninguém lhe tira.

A morte sempre
na noite funda
e o viço aceso
de sua luta.

XIV   Ninguém lhe arranca
a erva espessa
de terra junta
e a chuva rubra
que o vento tece.

Ninguém lhe apaga
do rosto o traço
de vinha e pomo
e o movimento
mais claro ainda
de seu retorno.

Ninguém lhe apaga
o que é do sol
dentro do sangue,

XV   Donde floresce o homem
senão do tronco
que fomenta o fogo?

Onde leveda o homem
senão no esforço
que inturgesce a fome?

Onde se ergue o homem
senão na terra
que é seu torvo estômago?

Qual o peso dos sonhos
que lhe moram nos braços?
Qual a ambição de vôo
que as asas têm do pássaro?

A contingência
de sermos o que somos
é uma árvore presa
na floresta do sono.

O leão está em ti
e não nas coisas.

XVI   No subsolo onde os dramas se convivem,
por ali passará minha lembrança,

nos remos onde a barca não se cansa,
por ali deitarás tua cabeça.

XVII O homem nasce
do que se finda
e mais renasce
se é noite ainda.

O tempo passa
no áspero túnel
e do outro lado
mais acro,
o tempo aguarda.

O vento passa
mas sempre fende
no que é da terra,
o que é da vida.

O homem morto
na terra oxida.

XVIII Somos passáveis. Os dias
não se apercebem do homem
e as coisas que retomamos
são naufragadas do sonho.

Somos passáveis. Duramos
na vastidão dos minutos
e tudo aquilo que amamos
é relva de um campo murcho.

Nascem as horas e os ramos
plantados dentro do arbusto;
o sol se rompe no homem,
então duramos o espaço
que vai da luz para o astro
e como a noite, passamos.

XIX Somos passáveis. Agredimos
com a verdade nos ombros
ou na fossa,

com os ossos que temos
ou sem ossos.

Agredimos a carne com seu sítio precário,
agredimos as tardes na solidão das minas,
agredimos o caixão que nos cabe,
agredimos a morte
e ela nos abre o mar.

XX   O vento faz seu caminho
onde o sol desemboca o mar,
onde a terra tarja o vinho,
onde a noite é seu lagar,

O vento faz seu caminho
onde os mortos vão deitar
e a noite move moinho,
move outra noite no mar.

O vento faz seu caminho
e pássaros vão pousar
na floração dos moinhos
que amadurecem o mar.

O vento faz seu caminho
onde há sede de plantar,
onde a semente é destino
que um sulco não pode dar.

XXI   O homem sempre é mais forte
se a outro homem se aliar;
o arado faz caminho
no seu tempo de cavar.

No mesmo mar que nos leva
o vento nos quer buscar;
o que é da terra é do homem,
onde o arado vai brotar.

Por mais que a morte desfaça
há um homem sempre a lutar;
o vento faz seu caminho
por dentro, no seu pomar.

CANTO VI   MEDITAÇÕES SOBRE O MORTO.
          EXIGÊNCIAS

Veinte y nueve son pasados
los Condes llegados son;
treinta días son pasados,
y el buen Cid non viene. non.

ROMANCERO DEL CID

Por que não me exigiste
campo?

Por que não me exigiste
no endurecer da terra?
O que crava exige,
o que crava gera.

Agora estás escalvo
dentro da própria morte,
pássaro
ao que te chama fundo.

Por que não me exigiste
morte?

A semente não sabe
a não ser quando é terra.

II   Tu és madura sombra
     de um outro tempo extinto
     ou és a nova sombra
     que veste o corpo antigo.

     Por que não me exigiste
     foice?

III O vôo não tem gesto
     para alcançar a morte
     se não há outro rasto
     mais forte em seu pasto.

O CAMPEADOR E O VENTO ■ 323

A vide está pesada
para sangrar o corte
e se vinhamos juntos
vamos colher a morte.

IV   Às vezes desconheces
entre o vôo e o fundo,
o que desfaz a morte
quando o beijo te punge
e o que te dá mais força
em tua carne esponja
de solidão que cubro.

Às vezes desconheces
o que a terra degusta,
onde entre pedras luto,
onde o que somos dorme.

Por isto não me esperes:
sou o que lanha fundo.

V   Tua exigência é sede
tua exigência é gosto
e quanto mais satura,
mais furna, fossa
e corpo.

VI   A terra para o homem
não é casebre ou casa,
ou plantação de trigo.

A terra para o homem
não é somente abrigo,
não é córrego, relva,
não é monte, jazigo.

A terra para o homem
é uma mulher que o ama
e tem filhos consigo.

VII   Não basta ao homem
suar suor antigo,

cobrir com espádua e ferro
a fome que tem consigo.

Não basta ao homem
lidar contra o signo,
ser rio e pômulo,
ser monda e trigo.

Não basta ao homem
suportar o horizonte,
acomodar a fonte
junto de seu destino.

VIII   Não basta ao homem
amadrugar-se lento,
se existem homens
sem ter sustento.

Se existem homens
mais lúcidos que o vento,
sem ter morada ou leito,
ou tendo-os para sempre.

Não basta ao homem
contemplar o que passa
ou conviver a morte
se a vida se desgasta.

Mas ser ombro de homem
que outro ombro enlaça,
ser semente de homem
na força que o passa.

CANTO VII   **DE COMO CAVALO E DONO SE ENCONTRAM.
A MONTADURA.**

As aves da chuva
trouxeram no ventre,
um sopro de vento.

Aqui o cavalo
com fogo,

forma um rosto
e outro rosto.

As aves do vento
trouxeram
em círculos densos,
os olhos de um homem,
amêndoas
com lâminas dentro.

Aqui o cavalo
sulcos entreabre,
com as patas ferradas,
na pedra do rio
e flui a vertente
na crosta dos anos drenados
à sombra dos ossos.

Aqui o cavalo
escarva
a terra furente,
a terra com rosa no ventre,
com rosa na gruta,
amora soluta.

II   A vida não busca saciar-se
só quer a medida;
não busca encontrar-se,
só quer a medida,
quer antes fruir
a paisagem
da pedra dormida

Deseja sabê-la
no gosto escondido,
no mínimo fundo
de seu esqueleto,
no côncavo da forma.
Só quer a medida.

Frio que as brasas encolhe,
no duro tecido
que as asas recolhe,
só quer a medida.

No fundo da pedra
de um homem descido,
no fundo da pedra
de tato entornado,
no fundo da pedra
deseja sabê-la,
ser pedra viva,
ser pedra viva,
no fundo da pedra.

Só quer a medida.

III   Aqui o cavalo
leva o poente
ao cabresto,
quebra-o com o vento
e faz de seus ramos,
os braços do homem,
argutos e ardentes.

O corpo do homem,
pedra sombra
na sombra silvestre,
buscava uma estrela
que a morte pendura
na vida que a veste.

IV   Não colham a estrela
que a morte pendura na haste.

Não colham a estrela,
ampla no fruto,
lisa no orvalho.
Não colham a estrela.

Chegando-se a noite
as coisas esquecem,
tornando-se formas
ingraves e gestos.

Não colham a estrela
na noite precária.

As coisas que morrem
ninguém as reúne,

porém se as reúne,
ninguém as recolhe.

Não colham a estrela
no acordo das águas.

Depois o desejo se estende
na rede dos frutos
e o ácido escudo se quebra
no sol em disputa.

Não colham a estrela.

V   Aqui o cavalo
a manhã rompe
do fundo deitando
ao lado da pedra.

A água não corre
mais pura que agora,
mais fio e mais fina,
densa e dura.

VI   Do lavrador sepultado
nasce o gado,
nasce a lança.

Do lavrador, sepultado
nasce a doma,
nasce o laço
e o Campeador
para empunhá-lo,

Nasce o estilhaço
na redoma.

O horizonte se alarga
para o homem cavalgá-lo,
com esporas sobre a ilharga
e sela de luz na várzea.

Do lavrador sepultado
salta luzindo a garupa
redonda e corre,
na noite resvala.

Nasce o galope do prado,
brota o galope na sombra,
o Campeador a montá-lo,
o sol varando a campanha.

VII   O dono e o cavalo
se adaptam ao passo,
nas patas e salto
são dois num só ato.

Assim é o homem,
quem foi que o pariu,
repuxo viril
de espada?

Cavalo e seu dono
espancam o sono,
espírito e corpo
num só justapostos.

Assim é o homem,
canto de sabre
na funda semente.
Quem foi que o pariu?

Quais entes movidos
da mesma loucura,
os campos relincham
e ambos flutuam.

Cavalo e seu dono
se mimam no odor
das ervas e ramas,
trituram o drama.

VIII   O homem e o cavalo
desembocam a turba
inquieta, ágil e turva,
como em cabras, o mar.

Espumas e correias
revezam-se nas velas
do cavalo, em que se atrela
o revazar das cheias.

O homem e o cavalo,
viração e colina,
arado, sonda e crina,
intervalo do dia.

O homem e o cavalo,
onde a noite se fina
e encilha.

IX O rio era
de aves e poros,
onde penetram
chuvas e olhos.

O rio era
líquido sol
rolado no campo,
na pedra, no tempo.

O rio era
fiel montaria
com cinchas no flanco
e patas no dia.

X Rio
coche de água
transitando a estrada.

Redil oculto
na escarpa
daquela marcha.

Rio
Javali
desovando favas.

XI Quem monta
o arisco potro,
bravio e solto
nas águas,
galopa o sol
sobre o dorso
e a cavalgada

desce o curso,
desnorteante animal.

Quem o esgota
na espora
de suas botas?

Depois o domina
água de cria,
nas rédeas da sina?

XII   O Campeador e o Cavalo:
Músculo aberto
de peixes
na ventania.

XIII   Rio
trigo escuro no sono
dos homens assombrados
que dormem e amanhecem
de outro lado.

Porém, a morte nos cansa.

Rio machucado de vozes,
rio pastor de escuro sono,
cativo no mar.

O que é do homem
é a morte
que ao homem vem desaguar.

Porém, a morte nos cansa:
rio da revolta, rebenta.

XIV   Rio nem dormir nós podemos
se recordamos teu rosto
de rato roendo a noite.

E se o pão faltar à noite,
que será da emanação das águas?
Rio nem dormir nós podemos.

O que será do vento rumando barcos?
De sua fraternidade
plena de cal e de terra?
Das madrugadas semeadas
na sua pele de asas?

Rio nem dormir nós podemos;
rio da revolta, rebenta.

XV   Somos silvestres
e amamos nossos instantes
como se déssemos
num gesto,
o sol diante adiante.

Nada se esquece
o vento em seu lombo breve
na noite que a noite escreve.

Nada se esquece
o Campeador que ali se ergue
com os olhos dentro da erva.

O sol escorre nas costas
de seu império,
jarra
que se quebra.

E amarra o vento
junto ao palanque;
sôfrego
emerge da treva.

Nada se esquece.

XVI   Rio da revolta contida,
madura nos galhos, figo
onde pássaros debicam
e aves de guerra giram,

brotada da mesma pipa,
da mesma carreta frouxa.

Rio que se junca e conflita
contra o silêncio dos anos.

E permanece na grita
do vento descendo o morro,
subindo as águas no sorvo
dos gestos que ali habitam,

dos entes que ali se esquivam,
esmagados na colheita,
ao sol ou frio, engolidos,
minados dentro da seca.

Rio da revolta rebenta.

XVII   Rio Campeador
a vida te empina,
martela-te ao chão
e segues em cima.

No inverno ou verão,
o sonho garimpa
as patas e o vão
que as águas avivam.

Segues em dor,
roteiro e sigla;
a escravidão
não tem insígnia,

não tem pendão
no teu galope,
rio onde vão
nossas derrotas,

rio onde vão
as quilhas rotas
da solidão
e as coisas mortas.

CANTO VIII   LIBERTAÇÃO DO CAVALEIRO

O lavrador é no homem
o capinzal de seu dia,
a semente que não vinga
e sempre mais o castiga.

O lavrador é no homem
o sol pesando-lhe ao ombro,
fardo de sua comida.

O lavrador é no homem
a ceifa, o fastio, o torvo,
o que se some na vida.

II   O Campeador é outra medida
revide de antiga sina
com relho na cara.
estribo
nos poros da ventania.

O campeador é o que não morre
no homem,
é a resina de sua fibra,
fornalha acesa e crescida
na madureza do lenho.

É o arnês e a montadura
presilhados na esperança;
não tem patrão no seu trote.
O Campeador é o que dura

além do arremesso e o corte,
onde o empenho não se abate
e não conhece o receio,
nem o empecilho da morte.

O Campeador é outra medida,
força assídua
no galope da revolta,
incubada e desenvolta
ao retinir de suas botas,
no galope

de outros seres em derrota
que neste ser se confundem,
de outros entes digeridos,
de outros vultos e gemidos
que desprendem como brasas,
patas batendo nas pedras
e brotando nas enxadas.

Cavaleiro represado
no refojo dos presságios,
qual o poder que te invade
para vires derrubá-lo?
Sobrevive no combate.

Qual o jugo que te impele
sempre mais no teu cavalo?
É o estreito desta terra.

Este é o jugo que te fere,
a tua guerra.

III   O Campeador é o que nasce
do lavrador e sua morte,
é o que vence, e reconhece
seu irmão na obscura face.

Reconhece,
põe na lança o arremesso.
Reconhece
e segue por entre os cedros,
até que tombe a medusa
no chão do cerco.

Sobrevive ao apagar-se,
eis seu vívido desfecho;
o Campeador é no homem
força maior do que ele.
É o que lhe sobra sem dono
e não o amarra ao potreiro;
o Campeador é no homem
o que fica além do termo.

O Campeador é no homem
força maior do que ele.

IV   O vento com seu cavalo
rompe a epiderme do susto,
retesando os duros músculos
avança com o sol ao meio.

Rasga o relincho no valo
e vai seguindo o roteiro,
maduro de campos claros
e horizontes escuros.

A tarde segue o cavalo
e o casco do sol percute,
bigorna de rubro talo
com seu ferreiro de rumos.

Bate as esporas no malho,
as crinas e as asas duplas,
acesas e resolutas,
desdobram sombra e cavalo.

Qual o vento e o cavaleiro?
Rio de oliveiras se fende,
penetrando o desamparo
das andorinhas no pêlo.

Qual o vento e o cavaleiro?
Batem esporas na tarde
e a tarde maçã suspensa,
fica tremendo na haste.

Sobe a garupa da ponte,
o vento e seu cavaleiro,
rangem esporas no ventre
e o sol irrompe no centro.

V   O Campeador está solto
sobre a campina do ar,
estica as rédeas e a trilha
das roças. Férreo metal

ressoa nas mãos e o potro
distende as sombras e vai.
Para onde? Para o encontro
entre o jugo e seu punhal.

Golpeia o corpo no lance
e avança, férreo animal;
a noite por mais que avance
no coice do sol se esvai.

CANTO IX   DO CAMPEADOR E SEU ANDAMENTO.
UTENSÍLIOS

Campeador, a luta é o eixo
dos ventos,
as marés lhe volteiam
e todos os lamentos
batem no casco do rio.

A geração aguarda atos limpos,
não soluções noturnas,
atos que convirjam
para a rota dos barcos,
sem ficar oscilando
entre mastros e mortos.

A luta e seu padecimento
são cordas amarradas
na laringe do vento.

A luta é nossa origem.

II   Não te importam bandeiras,
Campeador,
nem a escolta do ar.
És tua própria fileira
nas águas a pelejar;
vassalo és não da sorte,
mas da vida e seu lugar.

Não te importam bandeiras,
Campeador,
a ti mesmo seguirás,
sem luas e sem trincheiras,
nas águas a cavalgar.
A vida é tua viseira
nas coisas onde ela está.

III Os teus pares, Cavaleiro,
são os ventos,
a quietude do distante
e o lavrador deposto
sob a terra de seus pais.

Eis a tua sagração:
separar o separável
numa justa divisão
de terras e construção;
pôr os limites do "sim"
junto ao abraço do irmão.

IV O excesso é teu inimigo,
a pretensão de ser rei
sem ter para isto alma pronta
e as aves lisas da lei.

O excesso é teu inimigo.
Não te demovem os fortes,
mas a espúria condição;
aceitas na vez do abraço
a flor da separação

O excesso é teu inimigo.
Não abraças para a posse,
onde as águas secarão;
abraças a mesma sorte,
a mesma luta e explosão.

V Não é teu feitio,
Campeador,
encomendar o destino
com as roupas ajustadas
nas mesuras do caminho.

O Senhor dos Exércitos
pôs em tuas mãos
a espada de sua ira
e deverás enterrá-la
sem soldo ou flexão na espinha,
contra o arrendador da fala,
das cesuras e partilhas.

Rejeitarás a dominação da safra,
o quinhão de salários não suados,
o arremate mal-pago,
o terreno tomado.

Mas a carga a sustens
na dura espádua,
retens com usura
e a devolves a quem
ousou forjá-la.

A carga é tua espada.

VI   O equilíbrio, Campeador,
não é o gládio
refletido em teu rio,
nem o ruído das águas
como um tambor,
mas o gume do valor
que te impele para baixo,
para a zona onde a força
não é flor e a guerra
não tem campos de manada,
são lanças desafogadas
na crua raiz da enxada.

VII   Tua amada, Cavaleiro,
é a madrugada
e a liberdade com sua aguada.

Cumpre-te resguardá-la
no tamanho de tua vala,
na tua rude andadura
ou na fundura em que caia.

Cumpre-te resguardá-la
na solidez da muralha
ou nos rastos da estatura.

Cumpre-te resguardá-la
na ponta sutil da fala
ou nas pregas da armadura.

Cumpre-te resguardá-la
com todas as tuas peças
e a vida que te valha.

Cumpre-te resguardá-la
na fibra de tua navalha,
lança que resvala e crava.

Pouca será mesmo a morte,
para poder escoltá-la;
tua amada, Cavaleiro,
é a liberdade.
Este é o juramento
e a tua fidelidade.

VIII   O Campeador recusa
a esponja dos agravos
e o dízimo da resposta.

O Campeador é leal
na dura estirpe da luta,
é leal à liberdade
nas coisas em que permuta.

Por dote
outorgou-lhe a sanha
do galope, esta dama,
cuja posse é bendição.

O Campeador sabe as tramas
onde estão,
com fulgurantes escamas
e suas garras de cão.

O Campeador recusa
a esponja dos agravos
e se põe de arremetida
contra o acinte da lesão.

IX   Estão enferrujados
o ferro e a solidão,
o jugo com sua casa,
o medo e a noite vasta,
porém o sonho não.

Estão enferrujadas
a morte e sua aljava,
a faca sob a toca,
porém o braço não:
quando se ergue, corta.

X   Assume do lavrador
o grão queimado
e o último sorvo
de sua boca.

Rio Campeador,
com elmo, espada e cota,
assume tua rota.

O que as sombras
retêm nas sombras
é a marca inóspita.
O jugo não raspou
em nós por dentro,
o seco da revolta.

Assume a mudez dos lábios
e a terracota dos pássaros
põe a armadura de tuas águas,
movendo-te na coxa dos cavalos.

Assume o encargo e luta.

XI   O galope é o utensílio
de tua sede, polimento
de teus ossos, justeza
dos membros
nos vergões das alamedas,
ágio das patas.

Teu galope,
alpendre nas virilhas,
com cinturão de gaivotas
e coronhas.

Teu galope, noites
engavetadas no campo,
marcação de touro negro.

XII   O instrumento de tua fúria
são as armas
na tocaia do corpo,
impassíveis e sem fala,
mas cortantes e precisas
quando um golpe faz vibrá-las.

XIII   Sob o peito,
mais feroz e mais alto,
o coração,
romã elétrica,
martelo,
bate,
contra a morte,
bate firme no galope,
bate sempre contra a morte,
que não o quebrem na haste,
bate seco, bate forte,
bate.

CANTO X   O CAMPEADOR COM AS RÉDEAS DO TEMPO

Quando os ventos chegarem
na terra forte,
quando as nuvens rolarem
sobre as nuvens
e o vento se deslocar
sobre o vento,
o sonho tombará o sonho,
reverdecendo.

Quando o vento se deslocar
sobre o vento
na terra forte,
os homens serão setas no tempo.

O tempo destila o tempo.

II   Os ventos serão asas,
os homens serão ventos,
as noites serão as noites

dentro das noites,
as casas
dentro dos homens,
o tempo.

A morte sempre vivida
é vida multiplicada.

III   Nada,
nem a lentidão do drama,
o curto espaço
em que habitava,
o fio da espada,
nem os trópicos,
nada embaciava
a onda do Cavaleiro
e sua jornada.

IV   As pedras se transformam
em astros longe ventando,
os pássaros retomam
os horizontes de vento.

As noites passam
dentro das noites
e os ventos dentro dos ventos.

A morte sempre vivida
é vida multiplicada.

V   O vento é o vento,
a vida é noite
cheia de ventos,
porém ao vento como encontrá-lo?
Na sombra branca,
na sombra branca,
na sombra branca de seu cavalo.

VI   O vento é o vento;
as crinas não rompem
o silêncio
e ao seu galope

retumba a água,
prossegue sempre
até que o tempo
desmonte a morte,
no seu galope,
desmonte o tempo,
Prossegue sempre.

VII Quando os ventos forem caminhos,
os ventos ventos forem sementes,
quando os cavalos forem moinhos,
e a noite negra for transparente,

quando os ventos forem caminhos,
quando os barcos forem poente,
quando os cavalos forem moinhos,
moendo a noite tranqüilamente,

quando os ventos forem caminhos,
a vida cheia de ventos
na vida feita semente,
moendo o jugo com seus dentes,

quando os ventos forem caminhos,
seremos ventos e ninhos,
sombras esguias, ventos moinhos.
moendo a noite nos seus caminhos.

*A todos aqueles que, sem
subtrair-se à vida, fizeram o que
lhes foi possível, procurando
assim informulada ou conscientemente,
junto aos demais, caminhar no tempo.*

Pedra sobre pedra
a manhã
se eleva
pedra sobre pedra
se destrói a noite
pedra a pedra
sai o sol
mais verde
do que a erva
pedra sol
surge
na escurva
        cova

★

o sol mordeu a pedra mais silente
como pão ou lágrima
se acende a pedra
e o sol estende o corpo nu
ao úmido da pedra
e deste beijo: o tempo feto
sob o escuro tempo

★

os homens não sabiam
daquele ser espesso
que era um moinho
gira girando lento

era um moinho
moendo o dia dentro
quando o tempo e o tempo
se confundiam

as aves entendiam
aquele mar deitado
contendo o movimento
de um outro mar deitado
como se antiga noite
em si mesma ajoelhada
fosse o pulsar da noite
oculta em sua ilharga

as manhãs entendiam
o que a água materna
entre o sangue cantava
as manhãs entendiam
o que o tempo levava
fruto de lume
sob a pele mais alva

★

o mar é um boi guinchado
desterrado no mar
é um surdo boi guinchado
cava cavando o ar
cavando o sol no fundo

fica o cavalo sol
desencontrado sempre
e sempre a procurar
fulge o cavalo sol
a pascer junto ao mar

★

os homens não sabiam
da semente jogada
os homens não sabiam
que a floração deu fruto
e o que o tempo levava
na oculta madrugada
os homens não sabiam

*

a noite avultou
égua grávida
o agro ventre pousando
na areia

o sol se juntou
à umbra cálida
com seu focinho tocando
a espuma

o mar repousa
na pedra
e as crinas vão incendiando
a estrela

*

como saciar o sol
dentro da noite
como saciar-lhe a sombra?

como saciar a noite
com seu rebanho de ventos?

como saciar o vento
cabra monte o vento?

como conter o tempo
no horizonte de tempo?
como saciar a fome do tempo?

*

o tempo
               fruto
dividido ao centro

o tempo repartido
entre dois segmentos
mar repartido
entre a roldana e o eixo
ou como uma montanha
e o trecho da montanha

o tempo abismo insulado
no sêmen
torna-se revelado
no intumescer do ventre

o tempo ser devorado
no seu próprio sustento
rosto espelhado
sobre o rosto alento
rosto deixado
dentro do rosto preso
e do rosto arrancado
máscara ou tempo

depois pensamento
fúria largada
na solidão na vida
água movida
por uma estranha roda
e sendo água roda
é apenas roda viva.

★

o tempo roda gira
gira girando o tempo
pesa no ombro o tempo
tritura o tempo e gira
recebe a morte o tempo
tritura o homem dentro
sol que se desfibra
gira girando o tempo
gira girando

★

o tempo muralha
de folhas e mosto
cobrindo outra muralha
tão certa como o encontro
entre um irmão e outro
sob o mesmo abandono
dentro de igual fogo

★

o tempo poço arqueado
além de sua medida
pele de ventre curvada
porém nunca separa
a substância do poço
como a morte separa
as pálpebras do rosto

★

o tempo não é morte
enquanto nós passamos
como frutos da árvore
como quebrados ramos
o tempo permanece
enquanto nós passamos

★

o tempo não se prende
aos ponteiros de sombra
o tempo só se adapta
transbordada a medida.

há ponteiros de chuva
pesados no silêncio
como mãos que se inteiram
dentro do desejo

há ponteiros sombras
a caminhar constantes
até que a morte ajuste
a época da seiva

★

as coisas são formadas
da mesma solidão
o tempo
é templo sem pastor

o tempo é mais durável
que as coisas que o compõem
as horas horas pássaros
aplanados no sangue
ou abelhas sem mel
numa colmeia exangue

as coisas são formadas
da mesma solidão

★

a vida não se liga
à textura do tempo
como uma casa antiga
a que o homem habita

lúcida ramagem
de carne e lamento
a vida apenas rompe
no arcabouço do tempo

★

o homem se entreabre
para aceitar o tempo
o tempo se entreabre
enquanto desce o pólen
o campo se entreabre
para entregar-se ao tempo

e ao misturar-se corpo e corpo
no sangue
deus que se cobre
de seu próprio elemento
deus que se move
dentro do tempo denso
o tempo se descobre

★

nunca dorme o tempo
no seu movimento

dançarino insone
no dormido peito

obstinado incesto
sempre em crescimento
não se apaga nunca
o teu sexo tempo

a manhã se junca
girassóis do vento
e se desconjunta
ossos insalubres

animal o tempo
curva-se no tempo
a sugar o ubre,
nunca dorme o tempo

*

tu te construíste
muito ocultamente
como drama aceso
sobre o precipício

tu te construíste
no bater de adaga
contra a carne triste
contra a madrugada
nunca dorme o tempo

*

tu te construíste
no teu próprio rosto
sol deitado
onde o sol é posto

tu te construíste
mais desencontrado
do que sol deposto
sobre o sol parado

tu te construíste
sol abdicado

*

tu te construíste
pedra a pedra
      casa
onde o vento range

tu te construíste
pedra a pedra
      templo
onde o sol não bate

tu te construíste
com ou sem folhagem
com ou sem sustento
     tempo

*

tu te construíste
mestre de equipagem
sem paixão ao leme

tu te construíste
no marulho cego
cego marinheiro

tu te construíste
onde as vozes vagam
sem misturamento

tu te construíste
movimento praia
sem retorno
tempo

*

não descansa o tempo
lobo sem repasto
sem fêmea no leito

onde fica o rasto
que deixas no tempo?

*

não descansa o tempo
pêndulo insaciado
que suspende as águas
de um e de outro lado

não descansa o tempo
pêndulo intranqüilo
que separa as sombras
em dois moinhos

não descansa o tempo
pêndulo islado
no latente rosto
de um deus afogado

não descansa o tempo
pêndulo gestado
entre as horas joio
no mover do arado

não descansa o tempo
pêndulo atrelado
no mover do vento
no cavar do arado

não descansa o tempo
pêndulo quebrado
no florescimento
consumida polpa
de outro fruto
            tempo

*

não descansa o tempo

sempre mais esquivo
sempre mais despido
sempre nutrimento

não descansa o tempo

recrudesce sempre
lâmpada
na caverna antiga

não descansa o tempo
ablução de sombra
sobre a nau vertida

★

não descansa o tempo
no fluir da planta
        tegumento
entre a voz e o caule
preso na garganta

não descansa o tempo
recolhe sempre
            erva
entre o rio e a pedra
entre o sol e o seixo

não descansa o tempo
            feixe
de manhãs no peito
anoitece o corpo
            cresce
faz-se aurora o tempo

★

hás de ter repouso
casa sobre campo
com família e musgo
pássaro no fundo

hás de ter repouso
com tempo de chuva
com tempo de pouso
com quintal e uvas
com pomar e pomos

hás de ter repouso
asas que não dormem

ventre que se extingue
tempo que se move
entre o dia e a noite
hás de ter repouso

★

construção de brasas
e demônios dentro
vão gemidos anjos
reunir-se ao vento

tudo é o mesmo arranjo
brasas anjos vento
fulcro semovente

tudo é o mesmo cerne
entre dois poentes
entre o sol e o tempo
tênsil movimento

★

vi um homem e outro
no mesmo achamento
de lagunas monte
terra campo verde

sempre o mesmo agrado
de ficar nas coisas
de deitar o prado
e acender as rosas

quando acorda brota
quando sonha morre
homem humo terra
cedro que se enterra
para o crescimento
cedro que se enterra
            tempo

★

LIVRO DO TEMPO ■ 357

já não te pertenço
fogo inconsumido
me corrói o espesso
câncer com raízes
e serpente ao centro

já não te pertenço
touro ressupino
incubado e verde
misturado ao trigo

já não te pertenço
tempo absorvido
pelo avesso sempre
já não te pertenço

carne florescida
dentro de teu leite
já não te pertenço

tem outro liame
músculo semente
já não te pertenço

carne amanhecida
expulsa do peito
já não te pertenço

tem outro velame
outro tecimento
já não te pertenço
mas pertenço ao tempo
filho de teu ventre
já não te pertenço

★

tem outro desígnio
ser umbela ou haste
ser suporte esquivo
de outro ser mais vivo

tem outro retorno
e outro labirinto
sendo deus e touro
sempre é o mesmo mito

tem outro sentido
tato rosto orvalho
a mesma linhagem
mas outro destino

como rio selvagem
disparado sino
misturado ao vento
misturado ao vinho

onde o descaminho
entre o sol e a tarde
apegado ao verde
sobre o muro antigo?

onde o teu exílio
sempre mais paisagem
deslocado ébrio
surdo entre as esfinges?

sempre se renova
pêlo em brasas tigre
gesto imergido
sobre o mesmo abismo

*

tem sempre desdouro
reclinado livro
onde jaz despido
outro sol mais ouro
e outro deus mais vivo

tem sempre desdouro
desmembrado figo
contra o sol caído
rubro convergido
pássaro transverso
para o mesmo livro

tem sempre desdouro
birrosado inseto
a bicar o ouro
de outro sol inquieto
sobre o mesmo livro
vívido e aberto

tem sempre desdouro
reclinada planta
sazonado rito
onde o tempo dorme
onde um homem morre
sobre o mesmo livro

tem sempre desdouro
por vezes informe
mar sumo corrente
por vezes bifronte
livro transparente
mais que livro fonte
mais que sol poente

tem sempre desdouro
por vezes licorne
pisoteando ervas
sobre o chão que dorme
por vezes se quebra
sol e homem talo
violando a pedra

tem sempre desdouro
vozes indo e vindo
na manhã lavada
cascos retinindo
no horizonte liso

tem sempre desdouro
vozes e galopes
recompõem o abismo
como sol de foices
transbordando o livro

tem sempre desdouro

*

o tempo se renova
do tempo sempre vivo
vento no vento pele
água no sangue vinha

o tempo se renova
do tempo renascido
pele no peito erva
donde não nasce o dia

*

o tempo se renova
de seu próprio destino
noite na noite cova
ventre no ventre espinho

o tempo se renova
de si mesmo esquecido
ave que se desova
na floração do signo

*

o tempo se renova
com a mutação do rio
musgo na pedra gume
gume no hímen cio

o tempo se renova
com a mutação do rio
peixe na terra alga
sangue na pedra cio

o tempo se renova
com a floração do rio.

*

o tempo se renova
com a mutação do espaço
vento no vento árvore
ramos no vento lastro

o tempo se renova
com mutação do fruto
seiva na seiva líquen
ramo no ramo mastro

o tempo se renova
com a mutação do espaço
fruto tombado sêmen
fruto brotado astro

★

o tempo se renova
concha soturna concha
feita de som e cave
ave enlunada sombra

o tempo se renova
carne de folhas noite
fonte bivalve concha
onde adormece um homem

o tempo se renova

★

o tempo se renova
boi desatado

o tempo se renova
entre os cornos de água
enquanto a noite pende
enrolada em seu corpo
enquanto a noite chumba
como canga ao pescoço

o tempo se renova
boi movendo a noite
o tempo se renova

★

amarga é a carne
amargos são os mastros
toda a salsugem cai
na mulher que se abre

as vozes são ferozes
no pão das vagas barco

amarga é a carne
amargos são os mastros

o dia morde o sangue
na espuma que se abre
amarga é a carne
amargos são os mastros

nos dói o que sustém
o espesso do caminho
amarga é a carne
amargos são os mastros

nos gasta a espuma
o sangue é azedo gume
amarga é a carne
na espuma que se abre

nos gasta o que sustém
o fundo do caminho
quando os remos descansam
amargos são os mastros

★

no arcabouço do homem
o tempo se sustenta
              dente
mastigando a seiva
o desígnio se cumpre

no arcabouço do homem
o tempo se sujeita
rasgada polpa
              eiva
o desígnio se cumpre

no arcabouço do homem
o tempo se sustenta
              leiva
o desígnio se cumpre

★

árvore tu és no teu desígnio
a matéria do tempo

e seco restas
no silêncio puro
quando os ramos repousam no teu
gesto

★

nada justifica
o teu passamento
carne de meu tempo

nada justifica o teu passamento
lavra a morte sempre

nada justifica
o teu passamento
despojado vivo
carne de meu tempo

★

nada justifica
o teu passamento
morte
ponte ao campo verde

nada justifica
o teu passamento
jarro no silêncio

nada justifica
o teu passamento
monte
entre nós e o tempo

★

nada justifica
o teu passamento
o que as coisas guardam
não retém o tempo

nada justifica
o teu passamento

agudo pêssego
pende o sol no verde

nada justifica
o teu passamento
carne de meu tempo

★

o tempo não retorna
no moinho do tempo
a não ser junto ao homem
filho do mesmo leito

o tempo não retorna
no seu árdego intento
as águas ferram ferem
o sol leopardo negro

o tempo não retorna
à fonte ao campo denso
mulher tu tens um homem
no arco de teu ventre

o tempo não retorna
ao tempo novamente
bendito seja o feno
que o segador acende

o tempo não retorna
a não ser noutro tempo
mais vívido no sangue
mais vivo na semente

o tempo não retorna
mais ao monte de olivo
mulher junto a teu sexo
dorme um menino vivo

★

Pedra
sobre pedra
a manhã

se eleva
pedra sobre pedra
se destrói
a noite

pedra a pedra
o tempo se constrói
e se avoluma no sangue

*Et c'est heure, ô Poète, de décliner
ton nom, ta naissance et ta race.*

SAINT-JOHN PERSE.

*Premiado como o melhor livro de
poesia do ano de 2000, pela
Associação Paulista de Críticos
de Arte, de São Paulo*

CANTO I INVOCAÇÕES

> *Ton sang et mon sang ne sont que la*
> *sève qui nourrit l'arbre du ciel.*

KHALIL GIBRAN

1. O inferno era uma casa vazia
de um outro lado do rio.
Era uma casa vazia.
Era uma casa vazia
num horizonte vazio.

Longe o rio
desnudo
como um morto.
Que saudades eu tenho
de ser porto!

O rio
estava enxuto
e sem estrelas
como um homem
que espera
surpreendê-las.

E as ruas tão amargas,
sem pálpebras
nem mãos.

E as sombras
brancas e alongadas
nasceram num país sem estação.

A vida há de chegar.
Eu vi a vida.
Quando a quis abraçar
foi consumida.

A noite vai descer.
Eu vi a noite.
Quando a fui receber
ficou distante.

O tempo há de tombar
violentamente
como um corpo jogado
na corrente.

E o mar irá deitar-se
ternamente
vendo o sonho do sol
anoitecendo.

Preciso debruçar-me sobre as coisas
para encontrar a fonte que buscava.
Não tenho onde pousar o meu cansaço,
não tenho onde largar a solidão.

Silbion, Silbion,
o inferno se alimenta
de nosso ser oculto.
Quem gostou das raízes,
não desgostou dos frutos.

Silbion, Silbion,
inferno é ter nascido.
Inferno é ter vivido como as plantas.
Inferno é desfolhar-se lentamente
sem saber onde estamos.

Inferno é ser a Terra
em que os vermes e os anjos
se enroscam e consomem.

Inferno é ter nascido,
inferno é ser Homem.

2. Silbion, Silbion,
não posso libertar-te.
Sou prisioneiro como tu.
Já não posso vestir-te,
estou nu.

Larga teus gestos sobre a areia.
Deixa-os sonhar o que não és.
Se o tempo é aquele olhar
que te rodeia,
é a sombra do mundo que te vê.

Silbion, estende
as tuas mãos rasgadas.
Tua fome as rasgou
quando era noite.
Tua sede as bebeu
e amanhecia.

Solta os cabelos sobre a vida
para envolvê-la, esquiva.
Teus braços são mastros e são velas
com amarras de fogo entre as estrelas.

A tua angústia ninguém sabe
como um grito esquecido.
Como um grito
se a medida da vida não te cabe.

Silbion, Silbion,
não posso libertar-te.
As minhas mãos são breves
e é tão profundo o poço!

O desespero é um vulto
que veio leve, quando veio o vento.
Dentro de nosso amor
se esconde um vulto.
E foge na floresta
do que somos.

Silbion, Silbion,
nós provamos os gomos
de um fruto que não presta.

Agora, só nós dois,
presos à terra.
Exilados do céu,
buscando o céu.
E tudo o que conosco
pertenceu,
abandonou a terra.

3. Foste ligado
como um cavalo no arado.

Foste cavado
como a terra.

Foste jogado,
semente
na terra.

Foste arrancado
pelas mãos
que te haviam
plantado.

Foste acorrentado
pelos dentes
que te haviam
sangrado.

Foste delatado
pelos lábios
que te haviam
amado.

Foste mordido
pelas feras
que te haviam
morrido.

Foste apodrecido.

CANTO II   LIVRO DA TERRA E DOS HOMENS

1. A terra era áspera,
    a terra era sombria.
    A terra era áspera,
    a terra era sombria.

    A terra era áspera.
    A terra era vazia
    e não havia horizonte,
    não havia paisagem.

    A terra era áspera.
    A terra era sombria
    e não havia árvore,
    não havia frutos.

    A terra era áspera
    sobre a montanha negra.
    E não havia chuva
    e não havia pássaros.

    A terra era muda
    sobre a montanha negra.

    E não havia raízes,
    nem arco-íris-de-fogo.

    A terra era surda.
    Nem a canção do tempo,
    nem a canção dos leopardos,
    nem a canção do dia.

    A terra era vazia.

2. Vi penumbras e silêncios,
    não vi rosas nem demônios.

    Vi serpentes que eram anjos
    recobertos de ferrugem.

    Conheci além dos ventos,
    nebulosas e vertigem.

LIVRO DE SILBION ■ 373

Vi que a tragédia dos anjos
é um pensamento na noite.

3. O vento lavou as pedras,
mas ficaram as palavras.
O vento lavou as pedras
com sabor de madrugada.

O vento lavou as noites,
mas ficaram as estrelas.

O vento lavou a noite
com água límpida e mansa.
Mas não lavou a salsugem.

O vento lavou as águas,
mas não lavou a inocência
que amadurece nas águas.

O vento lavou o vento.

4. Desespero de horizonte.
Desespero de ser ventre.
Desespero de ser terra.

Desespero de ser homem
sobre a montanha desnuda.

5. E não havia mais nada,
nem montanha nem gemido.

E não havia mais nada.
Era um silêncio maior.

Nada era a sombra de tudo
na nostalgia do céu.

Plenilúnios de acalanto
na nostalgia do céu.

Plenilúnios e punhais
dentro dos olhos meninos.

Menino de musgo e bronze,
menino cheio de vozes.

E não havia mais musgo
e não havia mais vozes.

A terra era áspera,
a terra era sombria.

6. Os homens eram sombrios,
esfinges de solidão.

Os homens eram sombrios.
Quiseram tecer de sonhos
a água verde dos rios.

Os homens eram amargos.
Quiseram compor o cisne
nas águas verdes dos lagos.

Os homens eram ardentes
como tochas de amaranto.
Sobre o rosto do poente
deixaram rosas de pranto.

Eram terríveis, terríveis.
Contra o céu do esquecimento
lançavam gumes de fogo
e adormeciam no vento.

Os homens eram de vento
(de um vento predestinado).
Braços de ferro no tempo
entre o presente e o passado.

Os homens eram ferozes
como estrelas de ambição.

Mas no tempo primavera,
se primavera chegasse,

eram brandos como espuma,
eram virgens como espada,
eram suaves, suaves
como aves de abandono.

Os homens eram de estrela
soprando sobre o canal.
Não era estrela de noite
mas estrela de metal.

Os homens eram de estrela
e não podiam sustê-la.

Os homens eram de treva,
fizeram-se escravos dela.

Os homens eram remotos
no grande túnel de pedra.

Nem alga nem alfazemas,
nem junco nem girassol.

Floração ali não medra
longe da terra do sol.

Floração ali não medra.
Tudo o que nasce é de pedra.

O homem nasceu do vento,
mas sepultou-se na pedra.

O tempo nasceu do homem,
mas o homem não é pedra.

O tempo formou-se pedra
na eternidade de pedra.

Um sol compreendeu o homem;
era fogoso e de pedra.

Menino não como os outros,
menino feito de pedra.

Braços, só braços e mãos
na madrugada de pedra.

Os homens donde vieram
com seu destino de pedra?

Que procuravam os homens
na eternidade de pedra?

Eram hálitos de aurora,
luz florescendo caverna?
Eram só pedra.

Talvez fonte, vento-vento,
folhagem sobre montanha,
cintilações, pensamento?
Eram só pedra.

Talvez crianças, relâmpagos,
paredes de som, cantigas?
Eram só pedra.

Rostos ocultos no sono,
barcos de ânsia, velame?
Eram só pedra.

Talvez carícia, sossego,
desejo de despertar?

Eram só pedra de pedra.
Os deuses eram de pedra,
os homens eram de pedra
na eternidade de pedra.

Pedra de aurora, mas pedra.
Os homens eram pedras.

Lábios de pedra, mas pedra.
Os homens eram pedras.

Ventre de pedra, mas pedra.
Os homens eram pedras.

Noite de pedra, mas pedra.
Os homens eram pedras,
os homens eram pedras.
Os homens eram as pedras.

Eram as pedras, as pedras.
Eram as pedras.

7. Inventar constelações
    não era tarefa leve;
    era tarefa de luz
    sobre a montanha do espanto.

LIVRO DE SILBION ■ 377

Não era fácil tarefa
decifrar os alfabetos,
nem a mensagem da terra
que está tão longe, tão perto.

Mas era fácil tarefa
cobrir de névoas a terra,
florescer dálias de sangue,
semear sementes de guerra.

Mas era fácil tarefa
despojar corpos de nuvem,
mastigá-los, torturá-los.
Vomitá-los em seguida.

Pisoteá-los com cavalos,
galopando sem medida.
Galopando sobre a vida.

Desvairar a ventania
nos casebres e nas casas,
para além dos alicerces,

onde o tempo não se exerce,
nem a noite, nem o dia.
Cavalgando, cavalgando.

Cavalgando sobre a noite,
cavalgando sobre o dia.
Destruir é coisa fácil.

Construir quem poderia?
Construir sopro de noite,
construir a luz do dia?

Destruir com rodas longas
de automóveis e de cisnes,
o silêncio que há nas sombras,

o cansaço que há nos homens
que a si mesmos se trucidam,
que a si mesmos se consomem.

Construir quem poderia?
Desatar leões do signo,
libertá-los contra o vento,

contra o céu em movimento,
contra a noite sobre o campo.
Contra o raio, contra o vento.

Não era fácil tarefa
construir o amanhecer.
Era tarefa de luz,
era preciso morrer.

8.   A resposta não existe.

A resposta não existe
sobre a cidade cansada.

A resposta não existe
no desespero do mundo.

A resposta não existe
nas baionetas.

A resposta não existe
sobre os lábios ressequidos,

A resposta não existe
nesta terra sem resposta.
Nesta terra, corpo inerme.

9.   Nossa é a miséria,
nossa é a inquietação incalculável,
nossa é a ânsia de mar e de naufrágio
onde nossas raízes se alimentam.

Em vão lutamos
contra os grandes signos.

Seremos sempre
a mesma folhagem
de madrugada ausente.

O mesmo aceno imperceptível
entre a janela e o sonho.

A mesma lágrima
no mesmo rosto vazio.

A mesma frase
dentro dos mesmos olhos
sob a fonte.

Seremos sempre
a mesma dor oculta
nas árvores, no vento.
A mesma humilhação
diante da vida.

A mesma solidão
dentro da noite.

A mesma noite antiga
que separa
a semente do fruto
e amadurece
os lábios para a morte
como um rasto
de silêncio no mar.

10. Os lábios não compreendem,
os lábios não saciam.

Os lábios recompõem
o mundo obscuro,
mas não sabem
de rosas sobre o muro.

Os lábios desconhecem
o teu nome.
Mas sabem que tu existes
no invisível.

11. Das selvas que te viram pequenino
como um musgo de céu amanhecido
entre a sombra das águas e o destino,
que te resta?

No campo de sonhar o sol cansado,
uma pergunta longa se dilui:
que te resta?

Tudo cai, tudo rui, tudo anoitece.
A certeza te atrai para a incerteza
de contemplar a dor que te padece.
Do ritmo, das conchas, da beleza
que te resta?

Na sombra que ilumina a tua sombra
de líquens e de aroma, rio e anjos
expulsos pelo Rei ao entardecer
com a multidão das pombas,
que te resta?

Do ventre que se deu para o teu corpo,
da força que acendeu o movimento
de remos e de naus dentro do vento,
que te resta?

O mundo começou na solidão
e cresceu entre as ervas
como um vulto de pássaro, de nuvem.
Que te resta?

O inverno não deixou que despertasses
ao sopro de uma aurora mais serena
e as árvores contemplam.
Que te resta?

12. Deus está morto.
Deus está morto na rua,
Deus está morto nas casas,
Deus está morto nas praças,
Deus está morto.

Deus está morto nos homens,
Deus está morto nas veias,
Deus está morto nos olhos.
Deus está morto.

Deus está morto no mundo.
Deus está morto na tarde,
na manhã, no anoitecer,
nos quatro pontos cardiais,
no vento, nas catedrais.
Deus está morto.

Deus está morto no ventre
das mulheres, nas crianças.
Deus está morto no grito
das montanhas, dos penhascos,
da neblina, do silêncio.
Deus está morto entre nós.

Deus está morto na chuva,
na sala cheia de gente.
Deus está morto no povo
como um soluço profundo.
Deus está morto.

Não venham sangrar raízes,
não venham rasgar as vestes,
não venham cantar aos pássaros
que a liberdade é uma flor.

Não venham.
Deus está morto.

Deus está só
no vazio.

Deus está morto.

CANTO III   LIVRO DO SOL

As muitas águas não puderam extinguir
o amor, nem os rios terão força para o submergir.

SALOMÃO, *Cântico dos Cânticos,* 8, 7-8.

1. As coisas existem além delas.
    Não padecem, nem sofrem,
    mas existem
    e projetam a sombra nas janelas.

    Penetrar a substância que as anima
    como a noite as embala no seu ventre,
    como a noite as concentra e precipita,
    não tem asas nem plumas.

Só silêncio
sonoro como as algas.
Só silêncio
de astros
na caverna.

As coisas nos prendem
junto a elas;
nos contemplam,
nos amam
mas nos prendem.
E ficamos calados
na amurada,
vendo as coisas
pensarem
no que somos.

2. Somos nada.
E o nada nos consome,
nos abraça, nos vence.
Somos nada.

Somos asas fechadas para o vôo
ao som de estranhas músicas,
de gerações emersas, ou parques
estendidos para o mar.

As fronteiras divisam nosso sangue.
Julgamo-nos libertos, mas não somos.
O clamor das cidades nos incita
para a fuga. O clamor das cidades
nos esmaga e as máquinas
trituram nosso sonho.

Somos nada. Os frutos
se reúnem para a noite.
Condenados tecemos a cadência
das conchas, das areias, dos espaços.
Virão depois de nós homens, mulheres
que hão de quebrar cadeias, nuvens, medos.
Mas nunca hão de rasgar as rochas nuas
de um século maior do que a montanha.

Nas ondas somos barcos enlunados;
nos olhos somos sais, peixes, minutos;

LIVRO DE SILBION ■ 383

nos braços somos gestos que apodrecem.
Ninguém nos elucida para o mundo.

Chorar é tão inútil como um menino morto
sobre as rosas. E o nada que nós somos,
mais inútil que o sepultamento de um menino.

Perdemos o roteiro de ser homem.
A dor que nos gerou ficou escrita
no deserto, no fogo, nas estradas.
Vestimo-nos de auroras e veludo,
de chuvas, estrelas e purezas.
Vestimo-nos de tudo e nada somos.

A morte se repete em nosso rosto;
escondemos a morte e nada somos.
O abismo nos convida para o sono;
escondemos o abismo e nada somos.

Sentimo-nos sem mãos e acariciamos
as estações, os meses, as semanas.

Nós amamos a vida e nada somos.
Ancoramos no amor e não amamos
a não ser o que somos. E o que somos?

Nós buscamos na carne o esquecimento,
a ferrugem dos ossos, o abandono.
Nós buscamos no amor o esquecimento,
a infância que tivemos entre os anjos,
o domínio do fogo e da poesia,
o mistério que flui entre dois corpos.
As florestas que os unem no delírio.

Dia a dia mudamos como um rio.
Corremos entre as pedras e mudamos
na epiderme, no ar, nos olhos gastos.

Nós cansamos de tudo e nada somos.
E o que somos dissolve-se no tempo,
e o que somos a noite nos retira
sem deixar um sulco de navio.

3. Homem de todos os dias,
refém de todos os desejos,

vem, vem como barco,
vem para a linguagem do amor
sem templo nem montanha,
acima das circunstâncias de fogo
e a matéria que rói o nosso rosto.

Silbion, aprende a conversa
dos bichos e das flores,
o segredo das nuvens,
das madrugadas e dos rios.

Verás pelos caminhos
(ou não verás)
uma ternura branda de água
e nos campos, os bois de paina,
azuis, pascendo o céu.

4. Silbion, contempla os astros.
Se os astros não existem,
contempla-os da mesma maneira.

A existência das coisas
não procede do vento, nem dos astros.
É o brotar de sangue.

Os pássaros emigram
para a certeza das árvores.
Emigram na geração
das flores e da luz.

Vozes a caminhar
dentro da seiva, dedos de susto
nos caules e nas hastes, redenção
de sombras avançando a madrugada.

5. A madrugada não se prende às coisas.
Está solta, desnuda-se no lume
de pássaros-crianças, de corpos
que se aquecem junto ao fogo,
de ventres que se esquecem junto à noite.

A madrugada se estendeu nas casas
e se fundiu no ritmo de tudo;
no baque das âncoras, nas grutas
onde os anjos retêm os sonhos mudos.

A madrugada caminhou nos campos,
nas eiras, nos vergéis, nos velhos muros.
A madrugada surpreendeu as rosas
que tu, Silbion, deixaste no silêncio.

A madrugada se amoldou à terra
sem vislumbre de mancha, nem aroma,
nem desenho nas praias, nem herança.

A madrugada se entregou à terra.

6. Sepultam-te no mar
com seus jardins:
os dias são mais puros,
mais imensos.

Sepultam-te no mar
entre as medusas e os corais.
Sepultam-te no mar.
Os caminhos escorrem mais felizes
onde a promessa não retorna mais.
Sepultam-te no mar.

7. Conheces o pretérito das sombras
e o futuro das águas a crescer.
E as grandes águas a crescer no caos,
nas ruas, nas cidades, nos abismos.
E as grandes águas a crescer em nós.

Ó multidão de faces florescendo
nas esfinges do Rei (e as águas crescem)
e as gerações de espuma ressurgindo
nas praias da manhã cheia de tendas.

As águas rolam sobre o mundo.

8. Tudo o que sou não sei. Onde
meus gestos me limitam?
E as águas engolem. O vacilar
da terra sob o choque, os braços
do relâmpago no rio. E o raio
mal dormido nas árvores
de chama e de silêncio.

As águas devoram.

9. Adormeces o sono como um fruto
no seio de outro fruto. E uma cidade
carregada de horas.
E uma cidade como mulher
que espera o homem. Porta
entre o desejo e o mar.

De formas brancas e soluços negros,
outras cidades carregadas de horas.
E a medida do sonho não tem musgo,
nem tempo, nem paisagem
sobre as águas.

10. Silbion estava mudo no meu quarto
(um pássaro no seio de outro pássaro).

Silbion, vento que passa
na memória, grito
que sangra sem memória.

11. Ninguém há de impedir o teu encontro
com as árvores e as pedras.
O sangue aquecerá o sêmen das árvores
e o rosto, o rosto assalariado de segundos.

Tu não serás tu – mas as árvores e as pedras.
Os homens passarão e não compreenderão
que a terra não nasceu para as carícias fáceis.

A verdadeira terra não existe na terra.
Somos povoados de sinais e de falésias.
Entre as tormentas penetramos nus
nas folhas e na seiva.

Os homens sorrirão para o ruído
sob a casca, no entanto a terra são as árvores,
e as pedras, a infância e o sofrimento,
como uma noite morta além de nós,
nas árvores, nas pedras.

A terra é nosso amor e a outra margem.

12. Que é o amor? E quem o trouxe?
Sopro de luz na oferenda dos troncos,
na anunciação dos ventos e das rosas.

Quem o trouxe tão manso
para o centro da noite?

Quem o trouxe como um golfo
de sol sobre as Américas?

Ah! Tanto amor navegou na penumbra
fria, fria, na penumbra dos séculos vencidos.

13. Não indago.
Indagar é esquecer.
Não esqueço.
Amor é terra
em que floresço.

14. Silbion, em teus olhos azuis dentro da tarde
esconde a minha infância.
Não a quero rever, nem a seus rios,
nem as pedras inúteis e os domingos.
Esconde a minha infância nas cavernas.
Nem que seja no ermo dos abismos.

15. Eu só desejo recolher teu amor
no absurdo das águas.

Tu és minha única medida.

CANTO IV LIVRO DO TEMPO

1. No início foram os ventos.
E uma aridez virginal alastrou-se mais viva,
névoa sobre a mesa.
E os ventos chegavam como um Rei
a seu reino.
Os ventos se encontravam no caos
e não havia mensagem.

2. Tudo era imóvel. E os ventos chegavam
como um deus com seu féretro de anjos.

Um deus de névoa
que se estendesse na névoa
não trazia mensagem.

3. A noite estava completa.
A superfície das coisas não era a superfície
das coisas. E as montanhas e os rios não eram
as montanhas e os rios. Era o caos que embuçava
a noite e ela estava completa, noiva
para a noite, caos para o amor.

4. Onde estavam as águas, as planícies?
As fontes onde estavam, as árvores e os rios?
A chuva, as estações, onde estavam?
Não havia mensagem.

5. Que seria de nós sem as árvores e os rios?
Que seria de nós sem as aves e a chuva?
Que seria de nós sem os montes, as campinas,
o sol e a mar?

Que seria de nós que não somos?

6. O caos estava imóvel, como um deus morrido
com saudade de si mesmo.

7. Deus não estava morto.
Deus era o pensamento, o desejo, a potência.
Deus era a força e o amor, era o sexo e o mar.
Deus estava imóvel sobre o caos imóvel
como mulher que se contempla.

8. Depois os círculos brilharam flocos de fogo.
Os braços, as mãos, os lábios e os olhos
eram névoa de fogo. E surgia um enorme leão
de névoa e fogo que rasgava as vísceras do vento.
Sangrava. O caos sangrava e o pensamento
dos homens sangrava no espírito de Deus.
Não havia mensagem.

LIVRO DE SILBION ■ 389

9. Deus sangrava no caos.

10. No início foram os ventos.
E o caos formava as linhas de um mesmo rosto.
O caos e os ventos se amaram
nos antros de névoa.
O caos e os ventos
formavam as linhas
de um rosto.

11. Era o tempo
e brotava do amor.

12. Subitamente o caos tornou-se um pássaro
de plumas líquidas
e os demônios que vagavam na névoa
estremeceram de amor
porque era visível aos olhos
a nova aliança das águas.

13. Quem somos
para inventar as águas?
E as águas fluíam do pássaro.
Quem somos
para tecê-las límpidas e puras?
Quem somos,
se as queremos tão castas
para o beijo?

As águas nos separam, Silbion.
As águas nos devoram, Silbion.
Nos seus lábios naufragam marinheiros,
nos seus gestos tão claros submergimos.

As águas nos devassam como pálpebras,
as águas atravessam como espadas,
as águas só podemos desejá-las
quando nós as tivermos possuído.

14. Deus estava nas águas
como um feto no ventre da mulher.

Mas não dependia das águas,
nem da mulher.

Deus voltava à infância
que não teve.
Deus voltava à terra.
E a terra de Deus
é em si mesmo.

15.   Deus está dormindo, Silbion.
Como é formoso Deus!
Deus está sozinho, Silbion.
Como é duro ser Deus!
Deus está cansado, Silbion.
Como está errante Deus!

Quem poderá despertá-lo?
O vento? Tu? Ninguém?
Quem poderá compreendê-lo, Silbion?
Quem? Os ventos? Ninguém.

16.   Os ventos não o compreendem;
levavam cisnes nos ombros.
As águas não o compreendem;
eram tão tristes as águas!
As noites não o compreendem;
levavam cisnes nos ombros.
Os anjos não o compreendem;
eram tão tristes os anjos!
Os homens não o compreendem.
Só sabem dizer "Senhor, Senhor!"
e calar as palavras.

17.   Tenho pena de Deus
que vai morrer em nós,
tenho pena de suas praias
que vão morrer junto ao mar,
tenho pena do mar que se levanta
para amparar-nos em seus ombros verdes.
Tenho pena de outro mar que caminha conosco
como uma jovem mulher.
Tenho pena de ti, mulher,
de teus horizontes e abraços,
de tua pureza oculta,

da maneira de sorrir ou de chorar
Tenho pena de ti, mulher das águas,
esposa do tempo, porque trazemos
um cansaço que não poderás abrandar.

Tenho pena dessa morte
para sempre.

Mas a contemplação do mundo é tua morte
e as coisas foram geradas pela dor, pelo cansaço.
A terra foi gerada pela dor, pelo cansaço.
E apenas dor e cansaço me surpreendem.
A morada do amor é apenas dor e cansaço
e nosso amor, mulher das águas,
esposa do tempo, é apenas dor e cansaço.

Por isso tenho pena de todas as coisas.
Tenho pena dessa morte
para sempre.

18.   Terra
        imensa concha
        à espera do pólen.

        Terra
        canal de treva
        à espera do sol.

        Terra
        garganta
        de fome e sede.

        Terra
        túmulo aberto
        à espera.

19.   Estamos em terra estranha,
        dispersados na paisagem.
        Sentimos que tudo é novo,
        sentimos que tudo é vivo.
        Deus é vivo e habita o caos.
        O mundo é vivo,
        dispersado na paisagem.

20. Não. Não podemos estar separados do Todo,
nem nos perder no Todo
como um náufrago exausto.
E o desespero é encravar-se nas encostas
como um náufrago exausto.
E ver que se afastam de nós a luz e a sombra.
E mergulhamos na sombra
como um náufrago.

Destino de sermos náufragos
no princípio das águas,
destino de sermos anjos-homens
no princípio das águas,
destino de contemplar
o princípio do mundo
nos olhos, nas raízes, nos sentidos.
Destino de não podermos dizer às águas
que cessem de subir.

21. Nos queremos selvagens e tristes.
Mais selvagens e tristes que as árvores.
E as montanhas, colinas e rios
estão em nós, os vulcões, a chuva,
o vento estão em nós,
como a noite está em nós.

Grande mar.

22. Somos a noite do primeira dia,
a noite mais poderosa
que o primeiro dia.
Existimos, conosco
os dias existem.
Somos a ilha íntima.

Se o caos ficasse um pássaro,
seríamos um pássaro.
O caos se transformou em montanhas, planuras
e rios; iluminou-se o céu de gaivotas e corças
como um milagre.

Pousamos entre o princípio e o fim.

23.   O mar é retorno.
A infância, um palácio no exílio.
A infância é retorno.
O mar é um palácio na exílio.
A infância do mundo é um exílio.

24.   Nações se reúnem como um rebanho,
como um rebanho inumerável se derrama
em torno dos rios
e uma espada terrível avança.

Silbion, estas cidades se levantarão do caos
e caminharão ébrias à beira do século.

O século tomará a forma de um arcanjo.

25.   Silbion, aqueles que chorarem
não serão consolados.

Somos o século e a ruína.
Existe dentro de nós
uma estrela imponderável.
É preciso distribuí-la
mesmo entre fogo e morte.

Somos o fogo e a morte,
a terra e os campos,
À nossa sombra
floresceram rios.

26.   E o mar é uma mulher comigo.

27.   Fui o caos e o princípio das águas.
À minha margem os povos
estenderam as tendas e seguiram.

28.   A preparação é longa;
ninguém nasce de si mesmo.

A preparação é longa
como virgem se prepara
para as bodas.

A preparação é longa,
mas se cumpre num só dia.

29.   Habitaremos as terras,
cultivaremos o solo
(e ficaremos mais sós).

A preparação é longa.
E as cidades se preparam
para o ritmo do mar.

As cidades se fazem
ao sopro das brisas longas.

A preparação é longa,
mas a tristeza é maior.

30.   Doces bois nos arrastam
sobre o veludo da terra.

Árvores cavam a sombra
sobre o veludo da terra.

A preparação é longa
sobre o veludo da terra.

A preparação é longa,
feita somente na sombra.

31.   Seremos,
seremos sempre
alimento de outros homens?
Alimento de outras terras?
Alimento de outros rios?

Seremos, seremos sempre
esta igualdade dos dias?

Seremos, seremos sempre
desde o princípio dos homens?
Desde o princípio das terras?
Desde o princípio dos rios?

32. Tenho o dorso ensangüentado
e as mãos pesadas.

Vimos o que os olhos ouviram.
Ouvimos o que os olhos viram,
sentimos abrir-se um jardim todo branco
com exército de pombas ressurgindo
de um arroio de fábulas.
E nossos sentidos eram meninos
que brincavam numa gangorra.
Afundamos na memória de Deus.
Nossos sentidos eram meninos
e dormiam junto à fonte.
Afundamos na memória de Deus.

33. Somos a memória.
Nossos sentidos transbordam
como um porto de marujos e barcos.
Somos a fraternidade,
a fraternidade dos homens
na dor e na guerra.
Somos a fraternidade
mais terrível do que a guerra.
Somos a guerra.

CANTO V   ODE

À Maria

1. Amada, a morte existe
e eu te quero íntima na morte.
As trombetas ressoaram.
Turbilhão de centauros, migrações,
unicórnios de lírios.

Mas eu te quero íntima.
As trombetas ressoaram,
mas eu te quero íntima.

2. Os animais de grama e de sílex
contornavam aldeias de tapume,
amontoavam os favos e as amêndoas.

3. Na primavera lacre
eu te quero íntima.
Na primavera fria
eu te quero íntima.
Na primavera fera íntima,
fera eternidade
gera
fera íntima.
Eternidade espera
a sua vítima.
Enquanto a noite vela
eternidade espera
a noite fera.
Enquanto a noite vela
eternidade espera.

4. A primavera
rompe cadeias.
Flui do esqueleto
medula
de rosas trêmulas;
beijo
de virgem úmida,
fruta
destilada nas colmeias,
violenta no presságio,
violenta no cuidado
em que os mortos
se confundem.

Segue trânsito
de tigres
e o som puro
recomeça de palavras.
E as palavras
ficam mudas no seu túnel.

5. O anjo deitado no fundo da montanha despertou.
O anjo sepultado no fundo do céu ressuscitou
e ambos de mãos dadas construíram no céu
uma rosa imperecível.

Construíram: Aurora.

6.   Os quatro ventos lutavam entre si,
touros de fogo
rasgavam-se com aspas
e o mar colhia rosas
como um demônio sáfaro,
como um demônio-pássaro.

Aurora sempre aurora,
aurora dos simples, dos desaparecidos.
Aurora dos homens.

E os homens em legião se aproximavam
como manadas de rios que pastassem a noite.

Aurora não era nome de mulher
nem era mulher dos rios.
Aurora era irmã de todos os rios.

Os rios se ajoelharam
de rosto voltado para a infância.

Aurora assentou-se nas nuvens
como pomba incendiada.

7.   Amada, vê os homens,
o grito sobre os ombros.
E os olhos celétricos
e doces como sementes
da aurora.

8.   Os pensamentos serão árvores na noite,
árvores gloriosas.

Os pensamentos se estenderão
nas grandes cidades
e não serão moços nem velhos.
Terão a idade da chuva,
das sementes, das coisas,
das mulheres à espera
de um parto luminoso.

Os pensamentos uivarão como lobos
no penhasco e assaltarão o sono das palavras.

Os pensamentos serão rudes e sublimes
e embalarão os homens
como a recém-nascidos.

9. Aurora
    na garupa dos anjos.
    Montava
    nos elefantes de vento.
    Subia
    nos andaimes do dia.
    Floria.
    Tombava,
    corpo absurdo
    no éter surdo.
    Floria
    o osso da noite
    nos dentes do dia.
    Mordia. Tombava.
    Na noite dos ossos
    o osso do dia.
    Floria.
    Tombava
    e a noite
    aumentava
    no dia.

10. Esquecerei minha face.
    Esquecerei todas as faces
    e as palavras que geraram
    todas as faces.

    Com a paixão dos arroios e das orlas,
    constelado e sem palavra,
    eu virei me estirar, gaivota mínima,
    no teu princípio de penumbra e rosa.

11. Eu te amo como és.
    Só não desejo alimentar-te com o meu desespero.
    Uma lanterna acendeu-se nas bordas
    de tua montanha como gargantas
    que se iluminassem ao eco bem amado.

    Subitamente fiquei à espera
    de teu silêncio e da tua noite,

LIVRO DE SILBION ■ 399

mas vi que de teu silêncio
emergia um rosto sem nome
e a tua solidão era enorme.

12. Não te amo pelo nome.
Se não fosses Silbion,
terias outro nome
Terias nome de planta,
de ave, de mulher.

Mas como filho do mar,
o teu rimo são ondas
redondas e azuis
que se quebram na praia.

Eu te amo como és.
E tentas comunicar-me
os teus movimentos.
Quando os anjos resplandecem
e contemplam a primeira estrela,
verbenas rebentam no teu nome!

13. A estrela assentou-se nas nuvens.
A face era uma águia profunda.
O olhar, um rio de golfinhos que fluía do céu.
Mas o corpo escamado de marugem
parecia ser do rio, não do céu.
A estrela assentou-se,
mulher incendiada.

14. Eu te amo como és
com todos os teus elementos.
O sofrimento é mais puro
e a alegria dos homens
não é real.

Eu amo tuas alegrias
mas amo muito mais
teu sofrimento.

Eu amo tua infância, os sábados de orvalho;
eu amo tua infância, patinetes azuis,
andorinhas de feltro.

Eu amo muito mais teu sofrimento!

15. Tudo virá comigo.
Tudo se acenderá comigo,
porque em meus braços existem
madrugadas profundas
e em meus olhos, vertentes
de pombas cantam.

16. Sinto que te amo como és.
E o amor é uma coisa terrível.
As trombetas já ressoaram;
mas o amor é uma coisa terrível.

Amai-vos uns aos outros;
mas o amor é uma coisa terrível.

O amor, amada, é uma coisa terrível
e é preciso alimentá-lo todos os dias,
como um monstro se alimenta
de carne e de fogo.

17. A infância é uma menina deitada na rede;
a morte é a rede de meu corpo no teu corpo.
Eu me embalarei na tua infância,
eu me embalarei na tua morte.

18. Tenho medo.
Tenho medo de ser tão completamente medo
que tudo se apague,
porque a felicidade não é a minha ilha
nem minha linguagem.

Tenho medo de diluir-me na tua linguagem
como um sopro no vento.
Mas o amor é o escândalo da unidade quebrada
entre os faunos e os anjos.

19. Eu te amo como és
e nosso amor não depende da carne
como a carne depende do amor.
E a intimidade da alma
é a intimidade do mar.

Não te desejo diferente nem mais bela,
nem que te vergues ao meu desejo
como um ramo de astros.
Amo o amor e não apenas tua beleza;
amo a árvore e não apenas os frutos.

20. E o homem não deixou de ser árvore e semente.
A mulher não deixou de ser terra e sombra.
O homem não deixou de ser vento e relâmpago.
A mulher não deixou de ser rosto, mágoa, remanso.

O mar é um pássaro que canta na minha vidraça.
Mas a mulher não deixou de ser música, terraços,
arquipélago de pássaros.

21. Aurora, não vês esta sombra
que caminha para ti, esta sombra
que se avizinha de ti, esta sombra?

Não vês esta mulher
sem rosto e sem pátria
que caminha para ti, esta mulher
que deseja coabitar contigo?
Esta mulher?

Donde o rumor? Donde a mulher?
Donde estas chagas alimentadas
de febre?

Donde a mulher? Donde estas chagas
tão vivas?

Eu te amo e nada será encoberto.
Donde estas chagas tão vivas?

22. Não é tempo de piedade, nem de palavras.
Não é tempo de silêncio, nem de palavras.
As palavras são gastas
e os pensamentos transcendem as palavras.
A geração da terra está farta de palavras.
A geração da terra está farta de pensamentos.
É tempo de amor, amada!
É tempo da Geração da Terra!

23. Eu te quero, Geração da Terra,
como um rosto que afagamos exaustos.
Eu te quero como um rosto de esposa
ao meu lado,
violada, ensangüentada ao meu lado.
Eu te quero, Geração da Terra,
de esposa morta ao meu lado.

24. Eu te quero íntima,
como se tudo pudesse ser atingido num momento
e a felicidade nos deslumbrasse apenas um
momento. Então seríamos saciados
e poderíamos rolar como pássaros
implumes nas estações.

25. Habitaremos o mar.
À sombra das marés
os caranguejos verdes, as ostras
e os caranguejos verdes
se arrastarão nas rochas de ferro.
Sonhos de ferro se arrastarão
nos flancos da memória.
Pássaros de ferro.
Tudo será férreo
na memória verde.

Aurora viva
na memória férrea.
Aurora que separa
o céu da noite clara.

Aurora que separa
a máscara do rosto.

Que fazer dos relâmpagos, amada?

Aurora
sobre o muro.

E a lágrima no rosto.

26. Aurora sobre as guerras, os ódios, as guerras.
Aurora sobre os donos da terra, os donos dos

homens. E as aves do céu se assustarão,
os demônios se assustarão
e as nações se acercarão do sol
como de um profeta.

Aurora derrubará a noite
com patas plumadas.
E a lágrima no rosto.

27.   Ai, a lágrima no rosto
seca o rosto
e a lembrança da lágrima
contrai
mas não bebe nem verte.
Dói o rosto
(Ai, a lágrima no rosto!)

28.   Amada, eu te quero íntima como a morte.
O amor é a intimidade contigo
e a morte é a intimidade do amor.
E entre o amor e a morte
paira um jardim de angras.

Tu és o meu jardim
e eu poderei descansar.

Meus olhos amanhecem.
De repente a noite
se desnuda no teu corpo
com menstruações
de córregos e albas.

29.   Esqueci-me do julgamento dos homens
porque existia o amor.
Esqueci-me do amor para pensar na morte,
para pensar simplesmente na morte
porque a morte és tu
e não posso pensar no amor
sem pensar na morte.

O sol é nossa morte, amada,
o sol é nosso amor
e na árvore do sol
os homens se agasalham.

30.　O amor é fogo que desceu à terra
e todos anunciarão o fim dos tempos,
o fim de todos os tempos.

O amor é fogo que desceu à terra.
Bem-aventurados aqueles que beberam deste fogo,
bem-aventurados aqueles que morreram deste fogo
porque não conheceram a morte,
nem a angústia que nasce da morte.

E as gerações os chamarão
bem-aventurados para sempre.

31.　Quem poderá murmurar
que não és minha terra?
Mas eu te quero íntima na morte.

Quem poderá te dizer que não és os vinhedos,
o bosque, a casa de persianas amarelas?
Mas eu te quero íntima na morte.

Quem poderá te dizer que não és a poesia?
Mas eu te quero íntima na morte,
porque a morte é minha casa de campo
e o julgamento é a colheita das vinhas.

O bosque contém todas essas coisas,
a morte contém todos estes bosques, campos,
vinhedos.
E dentro de cada homem
existe uma casa de campo
e uma messe de sombra.

32.　Amada, a morte existe.
Mas eu te quero íntima na morte.

33.　Mas eu te quero íntima,
eternidade lúcida, salobre.
Eternidade pássaro,
frutífera.
Mas eu te quero íntima.
Eternidade salva,
florealva.

Eternidade líquida,
selvagem. Eternidade.
Mas eu te quero íntima.
Eternidade alva,
marialva.
Eternidade.

Mas eu te quero íntima na morte.

CANTO VI ## INVENÇÃO NO CAOS

1. Não encontro a palavra
(e a palavra não me encontra).
Não encontro a palavra,
mas não posso inventar Deus.
Não encontro a palavra.

Quisera tanto encontrá-la,
não encontro a palavra.
Revesti-la de doçura,
não encontro a palavra.
Ou de metal esmagá-la,
não encontro a palavra.
Sobre os teus lábios tardios
não encontro a palavra.
Que fazer para encontrá-la?

Não encontro a palavra
(e a palavra não me encontra),
capaz de incendiar a noite,
capaz de incendiar os homens
dentro da noite, a palavra.
Que fazer para encontrá-la?
Capaz de mover a noite
dentro da noite, a palavra
fustiga o rosto, a palavra
arde no sangue, a palavra
raspa, fustiga, arrebata.
Rompe as origens irrompe
de vozes a madrugada.

Mas não encontro a palavra.

2. Deus não se inventa, se encontra.
   Deus não se encontra, se perde
   dentro de Deus, labirinto
   de lonjura e de tabaco.
   Deus é Deus.
   e os homens somos nós,
   teorema de vertentes
   para a foz.
   E a conclusão:
   é ter a noite
   em nós.

3. Deus é feroz
   contra si mesmo.
   Nunca contra
   nós que nada
   somos. Nunca
   Deus se encontra.
   Nunca encontra
   o fio de sua
   outra ponta.
   Esponta
   mas não se encontra.
   Desponta
   mas não se encontra
   a palavra
   que invente
   a tarde.
   Deus pondo
   a tarde,
   se encontra.

4. Deus concreto,
   Deus circunscrito
   na tarde, inconcreto
   no vento.
   Deus operário
   fabrica chuva
   na tarde, fabrica
   nuvem, fabrica
   noite na tarde.
   Mas teu ofício
   não tem princípio
   nem fundo.

LIVRO DE SILBION 407

Deus precipício
de cidra e chumbo.
Deus sobre o campo
com olhos de trigo,
pisando no orvalho
que a noite leva consigo.
Mas teu ofício
não tem princípio
nem fundo.

Com terra nenhuma
nos olhos de espuma,
com terra na boca de espuma:
Deus.

5. Tu és o meu princípio,
o sol, a chuva, a noite.

Eu te afirmo; tu me esmagas.
O sol, a chuva, a noite
se não me refletissem, morreriam.

Eu te afirmo, tu me esmagas.
O sol, a chuva, a noite
se não me refletissem, morreriam.

Tu és a cidade e o meu princípio,
a terra, os bichos e as flores.
Tu és o não-limite, o campo
de vertigem. Mas o princípio
brota e não resguarda
o éter primitivo e não
resguarda
a transumância verde.

Deus no éter
entre as consoantes e vogais,
entre as palavras virgens
no teu corpo.

Deus no éter.

6. Quem revela nosso rosto?
Quem revela nosso esforço
de sorrir para os que passam?

Quem te revela no corpo
que escondes dentro do rosto?
Mesmo que a vida te baste,
quem te revela e não nasce?
E no exercício da morte
não se desgasta, renasce?

7. E nós homens, somos efêmeros.
Deus no túnel
implume. No Túnel
compacto. Deus
e o fato
de ser Deus
num túnel abstrato.
Deus entre
o limite e o salto
e além do salto.

Somos efêmeros.

Deus se espanta
no seu reino
de artérias e plantas
e o bulício do mundo
se levanta
como uma espada branca.
Sobre o mundo.

Somos efêmeros.

8. Não resistimos ao silêncio
funâmbulo, medonho,
mas completo. Não
resistimos ao silêncio
fechado em si mesmo
como um cofre.
Não resistimos.

Nem nos redimem
o vôo das gaivotas,
a voz entrecortada
dos córregos, das árvores,
das fontes. Não resistimos

ao repouso,
com seu povoado
de camélias.

Não resistimos à fuga
nos aviões, nos trens,
nos automóveis
de espáduas espantadas
e soberbas. Com rodas
de borracha e ruído
a morder o espaço
e as ruas. Com rodas
de borracha e ruído
a morder o espaço
e as ruas. A morder
o silêncio como a polpa
de um fruto que apodrece.

9. Deus é Deus
    e os celeiros.
    Mesmo que o cume
    dos montes não seja
    de pluma e a terra
    ceda a terra
    para o abismo.
    Deus é Deus.
    E os homens
    somos nós
    dentro de Deus.

10. Aos homens o espaço verde no espaço.
    Aos homens o espaço verde no espaço.
    Há sempre o espaço verde
    para os que andam ou esperam.
    Há sempre o espaço verde
    sob o túnel. Há sempre
    o espaço verde
    para os que têm sede.

    Há sempre um campo verde
    no deserto, há sempre
    um campo verde sobre as rochas,
    há sempre um campo verde

junto ao monte, há sempre
um rosto verde.
Deus é verde.

No entanto, não somos verdes para o espaço
que amadurece em nós e nos separa
do tronco da linguagem, para o chão
e o limite que nos prende no limite
deste arco de espera.

11.   A nossa dependência com a vida
é sermos lúcidos e loucos.
A nossa dependência com a vida
é sermos homens, com todos
os nomes, pronomes, estrelas.

Somos o lado real de tudo,
como se tudo pudesse ter um lado,
um flanco aberto.

Não somos anjos,
nem Deus.

CANTO VII   HOMEM NO CAOS

1.   Vim para te anunciar
e não estavas.
As mãos sobre o teu nome
na rocha.

Vim para te revelar
e não estavas.
Silbion de gerânios
no silêncio e amargo.

A tua mensagem
na boca dos ventos
"Silbion",
no ventre das águas
"Silbion",
iluminado pelo mar.

LIVRO DE SILBION ■ 411

Quem poderá recuar
os limites da noite?

E a noite soldará
nossos despojos.
Além da noite,
o amor.

Vim para te revelar
e não estavas.
Porém, a ausência
tornou a dúvida longa
e os dias longos
e a morte longa.

Cheguei a contemplar
lá onde os rios não chegam,
as florestas não cantam
e a primavera jorra.

A visão do real
amadurece o campo.
Mas o campo real
só se estende na morte.

2. Desce da morte e vem!
Já não podemos suportar.
Os ombros recurvados,
os homens recurvados.
E a verdadeira paz
brilha entre os mortos.

Vem!

3. Desce da morte.
Estreita o horizonte ao peito
como uma estrela violenta.

E olha as casas
brancas e negras,
as ruas brancas e negras
e além o abismo.
Rola no abismo, sangra.
Carneiro entre as pedras,

carneiro na relva, carneiro
de pedra na pedra,
o mar na pedra.

4. As pedras crescem, as águas crescem
e avançam sucessivamente.
As águas se arremessam contra as pedras
e cantam canções de relâmpagos e escuma.
As pedras resistem.

Passa o mar entre as pedras,
as estações, o vento, o mar.
As pedras resistem.

As águas rasgam as pedras,
sangram. As pedras resistem.
Até que as águas descubram
a chave das pedras e entrem
nas pedras.
Resistem.

5. Nasce o mar entre as pedras.
O limite do mar entre as pedras.
Nós amamos o mar
entre as pedras. Nos amamos
no mar. Além da morte,
o mar. Nos amamos
na morte. Nascemos.

6. Todo retorno é tempo em fogo,
dardo, rochedo em ponta.
E o teu conhecimento, fruto
de pássaros no éden.
Os tambores retumbam do desterro
com sua música de tigres.
No aroma de teu sexo
ninfas dormem e as serpentes
se movem violentas
no teu bosque de sárdios.

Mas tua identidade não se mescla
aos animais terrestres, nem aos frutos.
Tua identidade é um estrondo de fábulas,

de ópio, de navalhas no sono,
de navalhas no rosto.

7. A verdade seja dita:
Partiremos
e o que fomos ficará,
estaremos junto aos dias.

O que amar
florescerá com as (h)eras.
Ficaremos junto aos dias,
nas madrugadas, na pedra.

8. Não quero queimar o teu corpo nas vagas,
ó Geração da Terra! E o amor nos entrega
e separa. O amor nos deslumbra
e separa nas dunas do céu.

Porém, não desejo saciar o teu corpo
na noite. E a morte deslumbra
e separa teu corpo do amor.

Não, não quero queimar o teu corpo
na noite.

9. Vou te conhecer
em plenitude. Não apenas as linhas
do equador, os polos cardinais
e a zona triste.

Eu vou te conhecer em plenitude,
onde as vagas conclamam aos marujos
o alto mar.

10. Silbion, límpido rolas
entre as vozes
e cada vez mais límpido
fulguras. E cada vez
mais simples.
As palavras
resplandecem na noite.

11.   Tu és tu, mas nós não somos
     nós. A substância menor
     adere ao sonho.
     Nós somos outro em nós
     quando sonhamos.
     E lúcidos e belos
     como deuses nos banhamos
     na noite e ela nos vence.

12.   Taciturno, convocas as águas
     (nos banhamos na noite
     e ela nos vence).
     Taciturno, divides as águas
     em teus dedos, divides
     o mistério como um pão
     em teus dedos de âmbar.

     Taciturno, convives com as plantas,
     conchas, limos.
     Taciturno, convocas as águas
     entre si e a noite
     em relação com a noite
     sobre as águas.

     Cercado de milênios e gaivotas,
     escreves o teu nome
     sobre as águas.

13.   Eu te bendigo.
     Bendigo as águas desnudadas pelo vento.

     Eu te bendigo, vento.
     As águas desnudadas para a noite.
     Eu te bendigo, noite.
     Bendigo todas as noites,
     bendigo todas as noites
     sobre as águas e os homens,
     bendigo todas as noites
     com seu abismo de homens.
     Não há recusa da aurora.

14.   Os mortos já não escutam
     o teu nome sobre as águas.

Os mortos já não escutam
a voz do tempo nas águas.
Os mortos já não escutam
as secretas ambições.

Os mortos já não escutam,
os mortos estão cansados.
Vamos deixá-los florir.

15. Na assembléia da noite,
gira o sol
para o lado dos mortos.
Na assembléia da noite,
gira o sol
para o lado dos mortos.

Entre as geleiras nuas,
brilha o sol
para o lado dos mortos.

Silbion
no ventre das águas,
na boca dos ventos.
Silbion
para o lado dos mortos.

16. O fogo é sempre fogo.
Quem poderá recuar
os limites da noite?
O fogo é amor e rio.
Uns se apoiarão nos outros.
Rio de almas
em trânsito ao mar.
Uns sofrerão pelos outros.
Quem poderá recuar
dos limites, a morte?

17. Além dos ventos,
além dos signos,
vieste como o fogo.
E eras completo.
Tudo se integrava
em teus sentidos
para o fogo.

Conheces tantas coisas
e vieste.
Os cascalhos de ouro,
os cânticos,
as árvores.
Conheces o amor,
espada de olmos
e de cidra.
Espada.
Conheces o amor
junto à nascente
que envidra as sombras.
Vieste.

18.   Conheces tantas coisas e vieste.
As invenções dos sábios
e os tratados de mel e de ferrugem.
O conceito dos sábios
está mudo sobre as águas,
as invenções dos sábios nos espiam
com olhos de medusa iluminada.

Sabias da linguagem dos mortos
e a memória dos símbolos, dos favos,
das maçãs e dos pássaros.

Sabias como uma pedra
sobre outra pedra,
como uma pedra que se desloca
sobre outra pedra.
A aurora te surpreende
sobre as águas.

19.   Não sentiste a noite nos olhos, Silbion?
A noite nos lábios, fontes nuas, panoramas,
o vento, a terra nua sobre os lábios?
A noite nos teus lábios como um beijo?
A noite no teu sangue como um plasma
de salitre e florestas; avenidas e praças
no teu sangue?
Não sentiste, Silbion,
um túnel no teu corpo
de pássaros?

LIVRO DE SILBION   417

20. Nada te detém!
É a noite no teu corpo, Silbion.
A noite terrível no teu corpo.
Nada te detém!
A noite sem forma e sem corpo
no teu corpo, Silbion.
Nada te detém,
nem os montes, nem a aurora,
nem o mar.
Nada te detém
e te projetas
nos redutos da noite
(nem a noite).

O presente
e o futuro se entrelaçam
em tua morte
como um braço de fogo.
Nada te detém.
Nem a morte,
nem o tempo
como um braço de fogo.

21. Nada te detém.
E a noite soldará
nossos despojos.

Vim para te revelar!

CANTO VIII   CONSTRUÇÃO DO SOL

1. Puseste em minhas mãos
teu destino de pássaro.
Mas só tenho diante de mim
o tempo e a tua morte.

2. E eu farei de tua morte
uma nova vida que há de brotar
do tempo, das águas e da terra.
Porque a terra é a verdadeira morte
e a morte é a verdadeira terra.

E nós estamos na morte
como a vida está na terra.

3. Nós estamos na vida e não sabemos,
porque a vida não diz "estou aqui"
como um homem que se apresenta.
A vida é silenciosa e humilde, seiva
no íntimo das árvores, a vida
penetra como um gesto. A vida,
vento transitório
nas estações e brilha.

4. A vida é e não sabemos
e as dimensões da vida são obscuras
ou brilhantes aos olhos. Mas os olhos
como amam a vida e a procuram:
penetram a vida e não a vêem.
Os olhos a procuram e se quebram
nas pedras.

5. Eu te pressinto
como elemento de meu sangue.
A vida em ti se forma.
Como a noite se forma no caos,
o dia, os astros.
E tudo rumor de anjos
misteriosos dentro de ti.
E um fogo transitório
nos liga junto ao rio.

6. A promessa arde
como uma lâmpada.
Como uma lâmpada
que cresce
dentro do mesmo beijo.
A lâmpada devora o caos
e nos engole.

7. Somos eternos
e a eternidade da noite
não nos entende.

Nos chamam loucos
mas não nos entendem.
E todos os que dizem
que nos amam,
não nos entendem.

Que é o amor, Silbion,
se não nos entendem?

8. Somos eternos.
E a minha identidade
é a identidade do mar.
E somos eternos
como o mar
que se projeta
na onda e não
se encontra.

Silbion, por que somos eternos?
Quem nos fez o que somos?
O mar que se levanta do mar
e não se encontra.

9. Silbion, somos eternos
e é terrível ser eterno.
É o sol que nos absorve
e todas as coisas perdem o nome
e o sentido, a cor e o aroma,
para ser o que as coisas são
sem cor e sem aroma diante do sol,
contra o sol. Somos eternos.
Povoaremos o amor.
Povoaremos a carne do amor.

10. É o abraço que nos afasta do mar.
O abraço nos afasta dos campos e da terra.
É o abraço que nos sustenta e divide,
nos une e divide dentro do mesmo beijo.

Nosso abraço não tem vacilação
de algas celestes ou plantas submarinas.
Nos amamos e o amor não se contenta
com o tato, o aroma, o gosto.

O amor é um túnel sem saída
nem mesmo para o dia.

11. Cremos na noite, no céu, nas estrelas.
Cremos na vida e no amor.
E sempre o outro lado das coisas.
Como um condenado, vemos o mundo,
os planetas, os sistemas, as palavras e o amor.
Como um condenado, separados
por ruas, paredes, rios.

E sempre o outro lado das coisas.
Era preciso que chorássemos ou sorríssemos.
Mas nunca, Silbion, nunca desta maneira.
O rosto frio, os gestos frios
e as palavras medidas.

12. Os homens já não se entendem.
E não entendem
a fraternidade dos rios e da relva.
Não entendem as fontes, as planícies,
as ribeiras. Não entendem os homens.

13. Ó Geração da Terra,
eu te proponho um amor
que não depende das palavras!
E inventarei palavras
que não se ouviram. E símbolos.
Ninguém fará recuar a minha estrela,
nem a morte. Mas te proponho
um amor que não depende das palavras.

14. A vida não tem coexistência
com as árvores e a terra
e ao mesmo tempo a tem.
Como uma lâmpada depende da chama.
Depende do mar.

E o caos é habitado, erosão
de fragas e de barcos.
A neblina protege nossos corpos
e uma obscuridade longe-longa,

tal um anjo se levanta de outra
margem de ti. Mas não tem parentesco
contigo, nem parentesco com a noite.

15. Ó Geração da Terra,
o reino não é desta terra,
a vida não corre com os rios,
no entanto, os elementos te obedecem,
os ventos, as tardes te obedecem.

16. Não pertences a nada.
Não pertences a esta terra,
não pertences a estes rios
e te vem um sabor universal
de peixes e árvores.
E te sentes universal
como os astros e a noite.
Não pertences a este reino,
nem aos astros, nem à noite.
Porque aqui não há amor,
amada, só há noite.

17. Convocas os pássaros para o reino,
convocas as flores, os arroios,
os prados, as árvores para o reino.
E o nosso limite se estabelecerá
no teu limite, floresta
sobre o mar.

18. E a vida incendeia tua floresta
com símbolos, com a força do sangue
e o pavor dos dias iguais, o desconsolo,
o frio; o mesmo jogo
de crianças alegres, o brinquedo
dos dias, dos minutos, o segredo
de teus contornos líquidos e leves,
o pardal de um beijo sobre a tarde
em ti o sexo em ti, enrodilhada estrela
de teu corpo - a vida -
onde pinheiros e álamos deliram
e é o princípio do dia.

19. Mas és livre.
E eu te habito por isso
como o sol habitou a terra.
E o sono despreendeu-se da terra;
o sol despreendeu-se da terra.

Eu te amo por isso
e não te apoias em palavras.
As palavras murcham no vazio,
as palavras desplumam-se nas águas.

As palavras devoram.

20. Poderia devorar as palavras
de teu rosto, as palavras que sobem
no teu rosto. Poderia
espantar as palavras de teus olhos.
Poderia amarrar-te no arco-íris
de palavras. Poderia
fazer com que os rios te seguissem
e os abismos te amassem.
Poderia aprisionar-te dentro
das palavras ou talvez libertá-las
no desejo como numa sala.
Poderia falar-te sem palavras
com mágicas incríveis e sinais
de aves, claves, vôos.

21. A vida nos absorve, nos confunde
e os homens na noite, saturados do dia,
das horas, das máscaras, os homens
recordam a miséria, a humilhação,
o amor roto por tigres, a idéia assassinada
sobre a mesa, o tédio contra o céu,
a bem e o mal numa cisterna. A vida
nos confunde, nos absorve.

22. É natural que os homens não recordem
o que a noite recorda. O que as árvores
recordam nas árvores, o córrego
não recorda. O que as águas recordam
nas árvores, os ventos não recordam.

LIVRO DE SILBION ■ 423

Que dizem os ventos nas árvores?
O tempo vai separar as arvores e os frutos.
Que dizem os ventos nas árvores?
O tempo vai separar os números, os ventos,
os minérios, o mar. Vai separar o tempo.

23. É natural que os homens
não recordem o tempo
a separar a terra, o início
das fontes, o início da noite.
A separar os ventos
que traçaram teu corpo
sobre a terra, entre cometas
e búzios. A separar a terra
e indo- vindo as gerações
em círculo imortal e nebuloso.

24. E nós nos ocultaremos
no início da terra, na pureza
original das coisas, no sabor
da vida imutável e eterna.
No sabor das estações,
dos meses e dos frutos.

25. Assinarei teu nome na névoa
- "Silbion" -. O "S" vertical
e as outras letras longas
e montanhas, flores, nuvens.
Sorrirás ao perceber teu nome
entre os pássaros e os pássaros
e dirás para mim:
"o dia se renova
e há pássaros ainda
que compreendem o sol".

26. Andaremos de mãos dadas pelo campo.
Alegres, sem pensamento.
O pensamento dói, amada,
o pensamento fere. E o campo tão cristal
e os campos tão distantes.
O pensamento nos desperta os montes,
as campinas, os sinos e não podemos

esquecer alguém que caminhava
conosco pelo mesmo caminho, ouvindo
o mesmo sino. Ouvindo o mesmo sino.

27. É preciso que o mundo se levante.
É preciso que o mundo se levante.
E aprenda a ver o sol nas coisas.
É preciso que o mundo se levante, Silbion!
Há um novo sol
na terra nova.

Eu não creio que o mundo termine,
eu não creio que o mundo termine.
O contato do sol transforma o mundo.
O sol retorna ao horizonte novo,
ao novo céu, à nova terra, ao
tempo novo. O sol retorna
e o tempo se concentra
como um ventre maduro.

28. Bem-amada, puseste em minhas mãos
teu destino de pássaro.
Mas só tenho diante de mim
o tempo e a tua morte.

CANTO IX CONSTRUÇÃO DA NOITE

1. Vou ao encontro dos prados e das flores.
Aos homens não encontro.
Vou ao encontro dos montes e das tardes.
Aos homens não encontro.
Vou ao encontro dos ventos e dos rios.
Aos homens não encontro.
Vou ao encontro do amor
e não encontro.

2. Quando encontraremos o amor, Silbion,
o amor real, o amor que seja amor
não de palavras? O justo amor
se ajusta como um rio

no teu flanco de pedra, no teu corpo.
O amor que seja eterno, o outro amor?
Este cansa, Silbion, este apodrece
e nos desveste.

3. Sempre
    é sangue malva
    alva
    no teu corpo
    de lua sombra.
    Sempre
    amor
    no escuro sono.
    Sempre
    a vida,
    sempre
    a morte.
    E sempre.

4. O sempre é corrosivo sobre o mármore
    e vai até o gume da manhã.
    Na antemanhã. Rói a espuma,
    dói a pedra da aurora
    se quebra.

    Que será dos homens
    sem a aurora, Silbion?
    Sem a pedra
    que os encobre?
    E o sempre
    que os devora?
    Dói a pedra,
    dói a pedra.

    Ninguém ouve os homens,
    nem Deus.

5. O ar e sua casa.
    O ar e os homens dentro.
    O ar velame nave ave
    no ar e os homens dentro.
    Ninguém os ouve,
    nem Deus.

O ar demônio, anjo,
sangue.Verde.
O ar, com trepadeiras
suspendendo o ar,
inconcluso de homens.

Ninguém os ouve,
nem Deus.

O ar, estendido nas coisas.
Como um vulto de vozes.

O ar, com o rosto marcado;
o ar, com olhos marcados
no ar, loiro deus
que se entrega no ar
como um vulto de vozes.

6. A pluma é mais forte que o ferro
quando amor amanhece.
O ar é mais forte que o ferro,
o ar é mais forte que o ferro
e a prisão enverdece os homens dentro.
As grades anoitecem homens dentro;
faz-se dia na prisão do vento.

E o verbo perde o tempo e o contratempo.
O ritmo a planura rompe, a escala,
as claves, os sistemas. A palavra,
fonte horizonte sopra sobre os lábios.
Faz-se dia e o dia outro jorra
e os homens jorram vinhas
no ar de pluma. Noite
sobre as vinhas. Jorra
o campo sobre a noite.
Jorra o dia.

7. O frágil é mais forte
ao contato do vento. Não se opõe
ao contato das sombras, não se opõe
ao contato do sol.
E assim se cumpre.

Ao contato do amor
cumpre-se o dia.

LIVRO DE SILBION ■ 427

A terra ao contato
do ar, pluma, semente,
é canto
e a primavera noite
cumpre a vida.

8. Sempre as coisas que passam,
sempre as coisas que ficam,
sempre permaneço
como se tudo fosse
o meu começo.
Assim me cumpro.

Sempre ao contato do amor
me cumpro, sempre
ao contato com o dia, a noite,
o vento me cumpro, sempre
ao contato da morte
mais me cumpro
do que a aurora.
Me cumpro.

9. Nada tenho.
Quebrem-me os ossos e façam uma bandeira.
Quebrem-me os ossos e façam uma bandeira.

Nada tenho,
nem ossos nem bandeira.
Minha terra não é aqui,
os ossos são de um outro mais perfeito
e o canto não é meu
mas é do outro.

Assim me cumpro,
assim me cumpro sempre.
A luz que pousa em nosso estranho rosto
não é luz mas é sombra.
A voz que faz rolar os sonhos verdes
não é sonho, é um rio
de longas crinas, lombo espesso
e os olhos aterrados de um cavalo.

10. E o mundo nos recebe em maresia e sal.
Vento de febre. Nos plantaram

na vida como trigo, arroz ou árvore.
Nos deram a inconstância
de um peixe vespertino,
a inconstância de um dorso
sobre a noite, a inconstância
da argila sobre a pomba,
tão virgem, tão espírito na carne.
A inconstância da carne violenta
com vírgulas e rosas na epiderme.

Tudo cessa.
Tudo cessa na epiderme
mas o fundo é o outro lado.

11. Som luzindo na erva,
som queimando na erva.
Silbion — apenas inseto
no verde. E pássaros cegos
no verde. Silbion — no negro
verde da terra. Silbion — a vida
na terra. O canto
na terra.

Que será dos homens
sem a aurora?

Depois venham as noites,
os dias, as noites.
O povo na terra
e permanece.

12. Na terra ou no silêncio
sob a terra?

A geração dos homens
sob a terra como águas ferozes
sob a terra; incêndio negro
sob a terra entre a névoa
e a névoa sob a terra,
rotos, cegos morcegos
sob a terra; castelo e sal
e sarro — a terra — e pássaros
de terra sob a terra.
Ninguém os ouve,
nem Deus.

13.   Ah, sob a terra, os mortos
sob a terra, os mortos
sob a terra. A paisagem
dos mortos sob a terra
seca o peso da noite,
o peso da madrugada.
Seca o peso da noite, Silbion;
seca o vento da noite, Silbion,
o vento da madrugada!

A memória dos mortos sob a terra,
os passos recolhidos na memória,
os mortos sob a terra,
os mortos sob a terra.

O soluço das túnicas e folhas.
O soluço dos lábios, das membranas.
O soluço dos ossos, das sementes.
O soluço das lendas e do ferro.
O soluço da terra sob a terra.
Os mortos sob a terra.

14.   Ninguém os ouve, nem Deus.
Ninguém os ouve sob a terra fria.
E os homens machucados pela noite
com pêndulos nos olhos, pêndulos
nos lábios e nos braços, pêndulos
de terra. A água vento reconcilia
o sangue no repouso da terra.
O sangue vegetal, odores negros
descobrem o rosto sob os barcos
e os barcos com o espanto
de rostos e rostos sob os barcos.
O espanto poderoso como um joelho
dobrando a madrugada
sobre os barcos.

15.   Escutai-me, pássaros de aurora!
Os homens esmagados pela terra
atormentam paisagens contra os olhos,
os lábios, contra o rosto.
Os homens como um rosto
que se apóia
entre a noite e a noite.

Escutai-me, pássaros de aurora:
na glória das espumas,
das abelhas,
na miragem de um ventre
para o amor.

16. Vereis lábios abertos sobre o mapa
das tardes, dos invernos.
E um estrangeiro reconhece a infância
entre frutos silvestres. O tempo
chove em nós tão quotidiano.
A doçura dos símbolos
não morre entre frutos silvestres.
É tempo de revolta
entre frutos silvestres!

Tudo cessa.
Tudo cessa.
Tudo cessa
na epiderme.
Mas o fundo
é o outro lado.
Mas o fundo
transparece sem o lago,
sem o rio, sem os montes
de outro lado.
É tempo de revolta!

17. No casulo há um homem,
mas o fundo é o outro lado.
No casulo de seu tempo há um homem,
mas o fundo é o outro lado.
É o casulo onde o homem foi achado.
Mas o fundo é o outro lado.
É o terreno onde o homem foi lavrado.
Mas o fundo é o outro lado.
É a treva onde o homem foi fechado.
Mas o fundo é o outro lado.
É o silêncio de um homem soterrado.
Mas o fundo é o outro lado.
Mas o fundo é o outro lado.

É a infância que nasce sobre o morto,
é a infância que cresce sobre o morto,

é o sol que madruga no seu rosto,
é um homem que salta do sol posto
e convoca outros homens para a sonho
e mistura-se à terra e mistura-se ao sonho.

E o canto recomeça além do sonho,
além da escuridão, além do lago.
Mas o fundo é o outro lado.
Mas o fundo principia sem passado,
sem os montes, sem os barcos, sem o lago.

Tua vida verdadeira é o outro lado.
Tua terra verdadeira é o outro lado.
Tua herança verdadeira é o outro lado.

Tudo cessa.
Tudo cessa,
tudo cessa.
Mas o mundo é o outro lado
que começa.

CANTO X CONSTRUÇÃO DA AURORA

*Um belo dia a morte chega
e o homem se torna eterno.*

KIERKEGAARD. *Banquete.*

*Sur les marches de la mort
J'écris ton nom.*

PAUL ÉLUARD

1. O gesto que nos une
é transitório. Vós gerastes
o sangue mas eu gerei
o barco nas ondas
e a espuma mais durável
do que a aurora.

2. Passarás entre as formas
vãs, mutáveis. Passarás

entre os montes e o vestígio
do dia, passarás.
E há de ficar a estrela,
o sopro, a voz
no vestígio do dia,
passarás.

3. Mas só quero abençoar as noites
e os dias que fluíram sem sabermos.
Eu abençôo a vossos pais e os filhos
nascidos de outro mar
e o vento novo que confunde
os esposos no leito, onde o desejo
rebenta em fogo e lua.

E o sol confundido com a terra,
o sal e o barro confundidos,
o sal e o sangue na manhã
que fustiga os homens
e retece o tempo andorinha
sobre a terra.

Eu abençôo a terra
que pariu a ti, Silbion,
a ti, mesclando vagas e cores,
vagas e sons, vagas lunadas.
E parição maior
não vem da terra,
nem das esferas.
Mas da palavra,
ou de quem deita
com ela.

4. Há plantas que não morrem,
semeadas pelo céu não morrem nunca.
E há plantas que não nascem
e são regadas pelos anjos.
Há plantas violentas que perecem
ao contato do sol
e há plantas puras.
Essas crescem, Silbion,
essas existem à beira da manhã
e ali resistem.

LIVRO DE SILBION ■ 433

5. A terra escuta o nome do sol,
    o nome brando e se estende
    à espreita do horizonte e do eco.
    E o nome é verde e é fundo
    como as águas que o compreendem.
    O sol sustenta um sol maior na terra.

6. Deixemos correr as fontes com seu nome
    no seio vegetal cheio de pássaros.
    E as águas se entrelaçam ao seu nome.
    Silbion e o sol se unem.
    Amada, é o novo tempo
    que se une
    à noite sobre a noite.

7. As cadeias se desatam
    do horizonte
    e os homens, livres aves
    piarão no favo
    das ruínas.

    Com o sol, Silbion
    te alças na noite
    sob a noite.

8. E a noite é a mesma casa,
    o mesmo monte
    e o mesmo rio à beira.

    A noite se constrói
    à medida em que nascemos.
    A noite se constrói e se destrói
    na morte que sonhamos.

    Mas o amor nasceu na mesma casa.
    O mesmo monte
    e o mesmo rio o beira.
    Era uma casa,
    o inferno era uma casa.
    Mas o amor nasceu
    do inferno íntimo,
    da casa de espelhos
    e janelas amarelas,

à beira da manhã,
no mesmo rio.

O inferno era uma casa.
Mas o amor é mais do que uma casa,
mais que um rio.
O amor é mais que o amor.

9. Amada, apesar dos sentidos
e do aroma, a espuma está
no trigo e o teu nome
é um fruto interrompido
sobre os lábios.

A aurora está contigo.

10. E escreverei aurora nos navios,
nos bosques, nas manhãs. dentro do vento.
Escreverei aurora no horizonte,
nas tardes, nos silêncios, nas areias.

Escreverei aurora sobre os mapas,
nos cisnes, nos pássaros, nos rios.
Escreverei aurora sobre os homens,
aurora nas mulheres, nos meninos,
aurora sobre os olhos, sobre os braços.
Aurora está contigo.

Escreverei aurora com o nome de minha mãe
ou uma árvore na infância.
Escreverei aurora no murmúrio das águas,
das palavras.

Escreverei aurora de mansinho
como se diz: amada.
Escreverei aurora.

11. E a poesia é a sombra que nos espera
de um outro tempo, de um outro tempo
na chegada da noite.
É a sombra que espera
a chegada do vento.

E o vento a ama
sem fuga, sem manhã,
sem plenilúnio,
como o amante
que abraça a amante triste.
E é vento, paixão
de altas torres,
de águias consteladas
nos cabelos acesos.

E tu, poeta, encantador
de imagens e palavras,
ensinarás tua dança de sombras,
tua dança de homens e de anjos
ao compasso do mar.

E o mar é outro.

12. E os homens não são homens,
não são anjos.
São lâmpadas humanas
que se acendem
e oscilam como lúnulas
marinhas.

13. Somos tristes, amada.
A tristeza que existe em nós
tem relva, fonte, sombra
e as mãos duras.

Nos formamos um só
dentro dos corpos silenciosos.
Um só dentro dos astros,
das infâncias, dos tempos
e o que somos confundimos
num choque de relâmpagos e asas.

Amamos e sentimos a violência
das seivas e dos sonhos,
o entrechoque do espírito
e do sangue. Nos amamos
morrendo junto à sombra
do regato. Abrasando
e morrendo como um sol

junto ao regato.
Morrendo para sempre,
abrasando e morrendo.

14.   Como é bom amar contigo,
sem saber que a clemência
dos astros nos protege.

Nós viremos a sós, entre os dias
e os dias. E não haverá sustos,
nem rumores de erva.

E tudo ficará intacto e puro no tempo.
Nós ficaremos intactos e puros no tempo.
E o tempo é uma cidade
que se ergue entre nós dois,
uma cidade nova
entre dois corpos,
uma cidade iluminada
e nós dois mortos,
intactos no tempo,
intactos na morte.

Como é bom amar contigo
sem tempo na morte,
amar contigo na morte,
no campo, na noite, na morte,
com a força dos ventos jovens
e das carícias novas.

Como é bom amar contigo
entre as árvores, as folhas e as folhas,
sabendo que a morte nos mantém
intactos e puros,
sem a inclinação das grandes noites,
sem a inclinação dos anjos e dos astros.
Sabendo que a morte nos reserva
o íntimo da noite.

Como é bom amar contigo.

15.   O novo tempo se estenderá
sobre os vivos e os mortos,
e os vivos e mortos

estão entreligados
no sistema da aurora,
como os astros
no sistema da noite,
como os ventos
no sistema dos rios.

E o teu povo, Silbion,
será meu povo.
E o sol, um vaso
que se quebra
para encontrar
o som, a noite.
Para encontrar
o mar.

16.   E o mar é outro.

TESTAMENTO DE SILBION

"Vou procurar a terra
com seu mundo.
E o vento nos despoja
do que somos
e nos dispersa amor
no chão dos frutos.

É tempo de voltar
a ser semente,
deixar que a manhã
desapareça.
E a árvore se cumpre
à sombra de outra
árvore maior.
E o tempo que nos liga,
nos desliga.
Tudo o que nos une,
nos desune
e busca solução.

Por vezes, o diálogo da terra
é estrela sobre o curso

das palavras. Entretanto,
o diálogo conosco
nos confunde com os mortos
e surgimos serenos
de um orvalho que nos morde
como um lobo de alva
(que nos morde).

Por vezes, confundimos
a presença do sol com outro
sol lento e de plumas.
Então nos desvairamos
com a ternura dos ossos
e a medida para o amor.

É tempo de um amor
mais silencioso
que a tarde,
sem alarde
e profundo, pleno
de raízes e de sulcos.

Eu renuncio aos frutos.
E o verde há de estreitar-me
sob o vento. Eu renuncio
a tudo o que me afasta da terra.
E da terra há de nascer a terra
com águas, ilhas, homens,
pássaros. Eu renuncio a tudo
o que me afasta do mar
com seus andaimes, ruas, casas
e plantações de sonhos e de barcos.
Eu renuncio ao sonho
com seus barcos.

A terra há de se erguer
como um prenúncio
de anjos sepultados
na manhã.

Eu renuncio aos frutos.
E vereis vossos mortos
radiosos no tempo
que começa. E o sol
de plumas vivas
os levará tão longe,

para as praias
amoráveis, eternas.

E os homens na terra,
confundidos na terra.
Com o tempo deste amor:
um deus que nasce.

Só posso legar
a minha morte".

SILBION.

SÉLESIS

Aos — *Italico Marcon*
Carlos Legendre
Elvo Clemente
e *W. Elias* —

companheiros de SÉLESIS morto

POEMA DE SÉLESIS

Canto
Noturno som
Fruto maduro nos sentidos

Canto
Noturno som
Aéreo fruto sem ouvidos
Absorvido de palavras
Absorvido de ausências

Canto
O homem de dúvidas
E algas sem sol

Canto
O homem-gemido
Entre as pedras
E o signo do Rei

1. Na praia longe
De amaranto e nácar
O cão

Sempre o cão

O cão sem pai
Sem braços
Sem rosa sequer
Entre os lábios

O cão sem símbolos

Sem limites
Sem alvoradas

Apenas morto

2. Do ar não nascem pássaros
    Nem se albergam poentes
    Insones filhos de nós
    Digeridos no tempo

    Do ar não nascem pássaros
    O vazio é infecundo
    Apenas solidão de nascituro
    Sufocado no ventre

    Do ar não nascem pássaros
    Nem as rosas do alento
    Nem o arco-íris-das-sete-montanhas

    Do ar não nascem pássaros
    Apenas aspira-se e respira-se vazio

    Do ar não nascem pássaros
    E o homem é uma angústia de Deus

3. Nas espumas gritadoras
    Os meus cisnes de papel
    Cisnes de infância azul
    Janeiro e alga

    Pássaros de vidro
    Templam vozes longes vozes
    E conchas adiposas
    Sustêm
    Gestos-sem-destino

    Pronto
    Sempre o cão
    De olhos rotos
    Rotas sedas desfibradas
    Rotos ventos

Paralíticos
Nos lábios

E dos dentes
Mãos pasmadas
Mãos ardentes
Rasgam grades
De gengiva machucada

As orelhas de veludo
Tanta latência
De folha-cristal
Murcha de angústia

(Suas patas abovedam céus e areia)

4. O cão é uma saudade de sol
É uma saudade estendida na praia

Arco-íris-menino
Pousa-lhe
Mãos de carícia

Menino-dos-sonhos e menino-neblina
O envolvem todo
De alfazemas e cores

A chuva o vento as estações
Entreabrem
Jardins de horizonte

O cão sangra

5. É preciso decifrar
As coisas que te vivem

É preciso conhecer
A infância dos gestos

É preciso abandonar-se
À chegada da Noite

E o homem é triste Sélesis
E nós somos gestos
Esquecidos de Deus

6. O silêncio desce imóvel
como pedra com seu lábio
sobre os homens fugitivos
deslembrados sobre os olhos
grande-humanos deste cão
mordido pela Noite
Deste cão quase-ferrugem
Deste cão carne e salsugem
Espelhado de meteoros

7. Despetalado cão
Despetalado em tudo
Desflorido no mundo

Despaginado cão
No calendário mudo
Calendário profundo

Desviscerado cão
Desviscerado pão
Vomitando ternura

Desvirginado cão
Desvirginado "não"
Encharcado de "quases"

Imòvelmente jazes
Imòvelmente jazes

8. Ladridos crescem montanha nas veias

O sopro da nuvem acende velame e pálpebras

E os olhos do cão vão subindo
Pelo mastro galhado de mãos

Anjos ajoelham na espuma

Os olhos do cão reflorescem no céu

9. Ah noite de ácidos
   Nas veias celofane

   Ah noites esfinges vidradas

   Hipocampos de fogo

   Um ritmo nas folhagens
   Grifado de pássaro-pedra

   E cães de manhã
   Com hoje sem ontem
   Metade homem
   Metade cão

   Remorsos puxam unhas
   Das árvores mudas

   Pombas de ácer
   Mastigam o ventre morto
   Dos cães feitos homem

   Mastigam, a polpa e o osso
   Mastigam mastigam
   Por isso os olhos são de um verde
   Coalhado de sangue

   E a boca tão ávida de rosa

10. O cão
    Eco
    No fundo da ilhas

    O cão
    Sem pai
    Sem braços
    Sem rosa sequer
    Entre os lábios

    O cão
    Sem símbolos
    Sem limites
    Sem alvoradas

    Morto

O MAR E EU

O Mar é uma maneira de ternura
Retê-lo contra o peito - leve Mar
Consciência que me pode naufragar
Nos jarros de mistério, onde flutua

Amá-lo todo de aves e verbenas,
pele em candeia, lume em desalinho
(A bruma derramou-se como um vinho
Na sombra adormecida do Poema)

Nós ambos. em raízes, vinculamos
O fundo de nós mesmo em nosso fundo
Desmandos de amaranto que transfundo
Em ambições de céu pelos meus ramos

Nós dois, em violeta, búzios, tremas
De caracóis, limos, vogais da infância
Ó ama-me de bronzes e falenas
Tal como sou, mas ama-me com ânsia

Ama-me! Tens sabor de silenciosa,
A grande silenciosa de meus olhos
E dá-me o céu que é meu, o céu de rosas
As rosas que amanhecem sobre o mundo

Sou flama, sou futuro sem espada
Que alastro-me nas ondas de tornar
Guanabaras de lis, praias de Avar
Estranhos litorais sem alvorada

Holandas de sofrer sem holandeses
Moinhos a moer as nossas almas
Espanhas esmagadas muitas vezes
Espanhas de esquecer, Espanhas de alma

Ferem-me agudamente ressonâncias
De caracol e horas encantadas
Mezenas de cristal sonham distância
O tempo é um distância desplumada

Narcisam-se colinas de delfim
Em madrigal de lábios — busca e morte
Eu nunca hei-de ancorar na minha sorte
A minha sorte nunca há-de ancorar

Crivado de ânsias, ânsias amarelas
Mareiam vagas de um abril perdido
Chovem ostras de sol no meu sentido
E a carne em som transfigurou-se nelas

Poentizado vou longinquamente
A resvalar por entre espuma e astros
Abandonei minha alma na corrente
E a Noite me dissipa nos seus rastros

NASCIMENTO DO POETA

A minha voz nasceu sobre as ruínas
De um sonho que as abelhas não teceram
As ilhas do poente enlouqueceram
E o Sol me abandonou sobre as ruínas

A minha voz nasceu como um gemido
Da terra me ficou este cansaço
O Mar se desenhou no meu sentido
E há demônios e anjos no que faço

A minha voz nasceu entre outras vozes
No silêncio das noites interiores
Eu conheci o mal com seus algozes
Mas não pude inventar todas as flores

A minha voz nasceu, fez-se alimento
Dos homens mastigando-se na sombra
Uma pomba pousou no sofrimento
E a beleza deitou-se à sua sombra

Eu trago fogo e sangue a vossos pais
Amor — eu trago — para vossos filhos
Se de flautas de aroma saem cristais
Hão-de cristais de dor sair meninos

A minha voz nasceu, sonhou nas horas
O mistério das coisas, o abandono
Silbion, Silbion de alento por quem choras?
A primavera é triste, e é longo o outono

Partir! Sempre partir! e desvendar
A luz que no futuro se condensa
Eu hei-de descobrir a vida imensa
Num bosque desfraldado sobre o Mar

Além! De um horizonte na paisagem
Há-de surgir uma cidade de astros
Onde eu possa deixar todos os mastros
E os despojos da carne — na paisagem

Sempre partir além! Povos de bronze
A ressurgir às margens do Arco-íris
Jardins de tédio quando tu partires
Já não terão a mesma cor de bronze

A minha voz nasceu, e a Noite veio
Recoberta de fábulas e lendas
Eu caminhei as mais estranhas sendas
Dentro da Noite eu lhe rasguei o seio.

MENINO DE BRONZE

A Balduino Manica

Tu eras menino
Deitado na areia
(Menino de bronze
Sonhava jardins)

Carenas e sonhos
Oscilam nos astros
Os homens são barcos
Menino de bronze

Te acorda, menino!

Há tantos cavalos
De água e cristal
Correndo na treva
Correndo na sombra

Te acorda, menino!

Os cisnes de fogo
De fogo e saliva
Deslizam na relva
Florescem na relva

Te acorda, menino!

Mafaldas e anjos
Se aluzem beleza
Beleza amanhece
Nas conchas de som

As feras e os homens
Se amam no vento
O vento é tão leve
O amor é mais leve
Te acorda menino!

Demônios e môscas
Vomitam marés
Crianças do sono
Se acordam, não vês?

Porém, não despertas
Que tens? Não despertas?
As ilhas de aurora
Te chamam, menino!

Selenas te vestem
Selenas de lua
A infância é uma lua
Suando manhãs

As torres e os sinos
Emergem das águas
Os sinos das águas
São sinos do céu

Te acorda, menino!

LUNALVA

Se quiserem saber quem sou
— Não sei quem sou
Só sei que em mim
A sombra e a luz
São vultos
Que se buscam e se amam
Loucamente

Se quiserem saber do meu destino
— Não sei do meu destino

— Não sei do meu nome
Só sei daquela sede
Imensa sede
Que ainda não foi saciada

Se quiserem saber donde venho
— Não sei donde venho
Talvez venha do vento
Do deserto
Do mar
Ou do fundo das madrugadas

Não
Não me amem tão depressa
"Não me compreendam tão depressa"
Não me julguem tão fácil
Por favor
Não me julguem tão mesquinho
Tão cotidiano

O pão que trago comigo
— Não é pão
É fogo
O vinho que trago comigo
— Não é vinho
É sangue

E eu vos afirmo
— Todos hão-de beber
Do Fogo e do Sangue

(Poema deixado por Silbion
na entrada "dos Infernos")

NOITE SEM NOME

Noite sem nome Noite inviolada
Cantilenas crepúsculos nos braços

Noite sem nome Noite inviolada.
Eu conheço o profundo dos cansaços

Noite sem nome Noite inviolada
Ai, minha geração sangra nos mastros

Noite sem nome Noite inviolada
Eu conheço o profundo dos cansaços

Noite sem nome Noite inviolada
A tentação é cruel, a espuma amarga

Noite sem nome Noite inviolada
Eu conheço o profundo dos cansaços

Noite sem nome Noite inviolada
O esquecimento é um rio que não deságua

Noite sem nome Noite sem nome
Noite sem nome Noite inviolada.
De águas silenciosas noutra margem

Noite sem nome Noite inviolada
Eu conheço o profundo dos cansaços

Noite sem nome Noite inviolada
O mundo quebra seu rumor na praia

Noite sem nome Noite inviolada
A solidão de amor morre na praia

A solidão de amor morre na praia
E eu conheço o profundo dos cansaços

Noite sem nome Noite sem nome
Noite sem nome Noite inviolada
Noite sem nome Noite inviolada

Noite sem nome Noite inviolada

NOITE DE ÁCIDOS

Eu penetrei a Noite
Que vazio!

I   É noite
Noite desancorada
Noite imenso navio
A demandar outro céu

Noite torturada
Noite de anjos
Revoltados
A morder o horizonte

Noite alucinada
Floresta de febre
Cristais em delírio
Na Noite parada

Noite com sede
Não podes reter
O Sol
Nas tuas redes

Noite
Tua fome
Ninguém a consome

Noite
Do tempo
A embalar tempo morto

Noite
Desesperada
Não chegarás mais ao porto

Noite
Desesperada
Que farás do filho morto?

Noite a embalar o que fomos

Noite a chorar o que somos

Noite

II   As chaves
     Minhas chaves
     Não as tenho
     Talvez fora feliz se eu as tivesse

     Não sei por que nasci
     Não sei por que vivi

Só sei do lenho
Onde eu morri

III O Amor chegou
Recoberto de brasas

O Amor embebedou-se de meu sangue

Depois partiu
E me largou exangue

As asas
Onde estão as minhas asas?

IV Fui gerado
Como as sombras te geraram
Ai, as sombras
Que pariram nas cavernas
Ai, as sombras que pariram
Minha sombra nas cavernas

Tantos gestos que se buscam
Tantos lábios que se entregam
Tantos corpos que se apagam
Nas cavernas

Ah os homens serão tristes
Pois não sabem donde vêm
Ah os homens serão tristes
Pois não sabem aonde vão

Fui gerado Noite adentro
Tua fome me vestia

Fui gerado Noite adentro
Como a terra
Que as raízes não consomem

Fui gerado Noite adentro
Era o Sol que fecundava
Era a terra que sangrava
E do íntimo da terra
Era um homem que brotava

Fui gerado Noite adentro

V   Menino acalentei o próprio medo
Na rede de encantar ventos e cores

Menino, não te deites, é tão cedo!
Nosso destino é um pássaro sem cores

Silbion Silbion as cores me compreendem
Eu amo as cores como algo que passa

Silbion Silbion as cores me surpreendem
Mas meu destino é um pássaro que passa

VI   E pronto
Saturaram-me de adeuses
É preciso partir sem retornar!
Se eu não fora o que sou
Seria mar
Todo cheio de velas e de adeuses

VII   De ti exijo a entrega sem lacunas

Como um corpo se dá a outro corpo

VIII   A terra estremeceu vozes estranhas
Ruídos de punhais se desgarraram
Arcanjos ou demônios que se amaram?
Meninos me sangraram nas entranhas

Tonéis de nuvem rolam nos reflexos
(Meninos esmagados sobre as folhas)
O pensamento deita-se nas folhas
Como um cisne sem folhas, desconexo

Anoiteci. Pólens de céu e sede
A ressudar nos lábios das resinas
Verde infância, sem asas e sem crinas
Que céu pode beber a tua sede?

Nem céu e nem inferno.
Nostalgia de sepultar-me, tornar-me dia
Desvestir-me de mim
ser Sol apenas!

IX   Diáfano semeias (mas eu não)
Sorrio e meu sorriso é sem paisagens
Lanharam-me de angústias (mas tu não)
E és leve como um sopro na paisagem

Vieste de um país que não conheço
Mas deixa te chamar de meu irmão
Felizes são aqueles que se vão
Sem conhecer a morte que eu conheço

X   Vaguei por entre árvores de orvalho
Suores de cetim, dores de seda
Rebentam flor no lombo dos cavalos
A noite é uma mulher branca — reparo
Dos seus olhos azuis fluem labaredas

XI   Dentro de mim há pássaros que cantam
E eu me sinto cansado de partir
Sou homem — mas não sei para onde ir
Sou pássaro — não sei por que me espantam

XII   Resvalo nos astros
Que a Noite projeta
No meio da vida

Me vem a saudade
Do Mar que começa
Do Mar que não cessa

Dissolvo o que fui
No Mar que me flui

Dissolvo o que sou
No Mar onde estou

Dissolvo o que tenho
No Mar donde venho

E as coisas são simples
São coisas de espuma

Ó Mar que tudo sabes
Dá-me o lugar que me cabe

Ó Mar sem estação
Meus barcos onde é que estão?

Ó Mar-das-sete-paredes
Dá-me a beber, tenho sede!

Ó Mar da minha distância
Dá-me, devolve-me a infância!

Ó Mar da minha tristeza
Hei-de reter a Beleza

Ó Mar da minha ternura
Toda a vida é uma procura

Ó Mar das minhas raízes
Quando seremos felizes?

XIII   As noites em ti naufragam
Os astros em ti se somem

Qual o destino do homem?

É tão profundo teu ventre
E é tão triste meu vazio
Que sempre fico no fundo
Perdido como um navio

As noites em ti naufragam
Os dias em ti se somem
Qual o destino do homem?

MEUS ESTIMADOS VIVOS

1.ª edição — com ilustrações e projeto gráfico de Solé — apoio da Prefeitura Municipal de Vitória, 1991.

A FEROCIDADE DAS COISAS

1.ª edição, Rio de Janeiro, Nova Fronteira, 1980.

2.ª edição, Lisboa, Imprensa Nacional/Casa da Moeda em *A Idade da Eternidade*.

SOMOS POUCOS

1.ª edição, Rio de Janeiro, ed. Crítica, 1976.

2.ª edição, Rio de Janeiro, Nova Fronteira, 1980.

O POÇO DO CALABOUÇO

1.ª edição, Lisboa, Moraes Editores, 1974.

2.ª edição, Rio de Janeiro, Salamandra, 1977.

3.ª edição, São Paulo, Círculo do Livro, 1979.

4.ª edição, Rio de Janeiro, Record, 1981.

5.ª edição, Rio de Janeiro, Topbooks em *Os Dias pelos Dias*, 1997.

CASA DOS ARREIOS

1.ª edição, Porto Alegre, Globo, 1972.

2.ª edição, Rio de Janeiro, Nova Fronteira, 1980.

CANGA

1.ª edição, Rio de Janeiro, Civilização Brasileira, 1971.

2.ª edição, Rio de Janeiro, Nova Fronteira, 1980.

3.ª edição, bilíngue com tradução ao espanhol de Luis Oviedo. Paiol da Aurora, Guarapari, ES, Nejarim Editora, 1993.

4.ª edição, Rio de Janeiro, Topbooks em *Os Dias pelos Dias*, 1997.

ORDENAÇÕES
1.ª edição, Porto Alegre, Galaad (1.ª e 2.ª Ordenação), 1969.
2.ª edição, Porto Alegre (Cinco Ordenações), 1971.
3.ª edição, Rio de Janeiro, Nova Fronteira, 1980.

DANAÇÕES
1.ª edição, Rio de Janeiro, José Álvaro Editor, 1969.
2.ª edição, em *De Sélesis a Danações*, São Paulo, Quíron, 1975.
3.ª edição, Rio de Janeiro, Nova Fronteira, 1980.

O CAMPEADOR E O VENTO
1.ª edição, Porto Alegre, Sulina, 1966.
2.ª edição, em *De Sélesis a Danações,* São Paulo, Quíron, 1975.
3.ª edição, Rio de Janeiro, Nova Fronteira, 1980.

LIVRO DO TEMPO
1.ª edição, Porto Alegre, Champagnat, 1965.
2.ª edição, em *De Sélesis a Danações,* São Paulo, Quíron, 1975.
3.ª edição, Rio de Janeiro, Nova Fronteira, 1980.

LIVRO DE SILBION
1.ª edição, Porto Alegre, Difusão de Cultura, 1963.
2.ª edição, em *De Sélesis a Danações,* São Paulo, Quíron, 1975.
3.ª edição, Rio de Janeiro, Nova Fronteira, 1980.
4.ª edição, São Paulo, Hucitec, 1999.

SÉLESIS
1.ª edição, Porto Alegre, Livraria do Globo, 1960.
2.ª edição, em *De Sélesis a Danações,* São Paulo, Quíron, 1975.
3.ª edição, Rio de Janeiro, Nova Fronteira, 1980.

Título	A Idade da Noite – Poesia I
Autor	Carlos Nejar
Projeto Gráfico	Paulo Roberto da Silva
Capa	Ricardo Assis
Foto da Capa	Alexandre Mendez
Revisão	Carlos Nejar
Editoração Eletrônica	Paulo Roberto da Silva
	Aline E. Sato
	Amanda E. de Almeida
Administração Editorial	Valéria C. Martins
Formato	16 x 23 cm
Papel de capa	Cartão Supremo 250g
Papel de miolo	Polen Soft 85g
Número de páginas	464
Fotolito	Liner
Impressão	Lis Gráfica